Ulrich Müller

Herr Müller zahlt in bar

Wie ich mit Aktien sehr reich wurde
und heute dafür sorge, dass Sie es auch schaffen

Ulrich Müller

Herr Müller zahlt in bar

Wie ich mit Aktien sehr reich wurde und heute dafür sorge, dass Sie es auch schaffen

GMEINER

In Zusammenarbeit mit Daniel Oliver Bachmann

Besuchen Sie uns im Internet:
www.gmeiner-verlag.de

Im Ehnried 5, 88605 Meßkirch
Telefon 07575 / 2095-0
info@gmeiner-verlag.de

1. Auflage 2021

Autor: Daniel Oliver Bachmann
Lektorat: Philipp Bobrowski
Umschlaggestaltung: Linkdesign GmbH
Fotos Umschlag: Benedict Kraus
Charts: ProRealTime
Design und Satz: Linkdesign GmbH, Schramberg
Druck und Bindung: Gmeiner Verlag GmbH

Printed in Germany
ISBN: 978-3-8392-2792-3

Inhaltsverzeichnis

So laut wie ein Presslufthammer

„Manchmal ist es besser, eine Stunde über sein Geld nachzudenken, als eine Woche dafür zu arbeiten."
André Kostolany (1906–1999), Börsenexperte

Nichts deutete darauf hin, dass dieser Abend im Jahr 2014 meinem Leben einen entscheidenden Impuls geben sollte. Meine Frau Yana und ich machten es uns nach dem Essen auf dem Sofa gemütlich. Wir plauderten über den bevorstehenden Mallorca-Urlaub und sahen dabei unseren Söhnen zu, die das Wohnzimmer in einen Abenteuerspielplatz verwandelten. Unser Jüngster war 21 Monate alt und liebte seine Eisenbahn. Wie viele Eltern sagten wir lächelnd: „Wer weiß, vielleicht will er mal Lokomotivführer werden. Schau nur, wie er mit Feuereifer den Zug über den Boden schiebt!" Unterdessen machte sich sein vier Jahre älterer Bruder an einer Spielzeugkiste zu schaffen, die so voll war, dass er sie kaum tragen konnte. So passierte, was passieren musste: Die Kiste rutschte ihm aus der Hand und knallte auf den Boden. Obwohl wir dabei zusahen, schraken wir vom Krach auf. Unser Jüngster dagegen schien es nicht zu bemerken. Es war, als hätte er den Lärm nicht gehört. Was wir seit einiger Zeit insgeheim befürchtet hatten, schien sich jetzt zu bestätigen.

„Hast du das mitgekriegt?", fragte Yana. „Er hat nicht mal gezuckt, als die Kiste auf den Boden fiel. Er hat einfach weitergespielt."

Yana ist gelernte Erzieherin. Sie hat einen ausgezeichneten Blick für Kinder, doch den brauchte sie hier gar nicht. Die

Sache war auch so klar. Ich wiederum bin ein Zahlenmensch, und diese Rechnung war mehr als einfach. Eins und eins zusammenzuzählen genügte.

„Du meinst, er hört nicht gut?" Noch versuchte ich, die Dinge zu beschönigen. Noch fehlte mir der Mut, Ross und Reiter beim Namen zu nennen.

„Wir sollten mit ihm auf jeden Fall zum Ohrenarzt, bevor wir ins Flugzeug steigen", riet Yana.

Ich nickte zustimmend. Schon immer hat mich das Fliegen begeistert, und wenn es irgendwann meine Zeit zulässt, werde ich den Pilotenschein in Angriff nehmen. Wer in die Lüfte will, sollte bei allerbester Gesundheit sein, und das fängt bei den Ohren an. Hör- und Gleichgewichtsorgan liegen anatomisch nahe beieinander. Hat ein Mensch Probleme mit seinen Ohren, leidet oft sein Gleichgewichtssinn darunter. Weil vor Start und Landung starke Druckveränderungen in der Kabine herrschen, ist Vorsicht angesagt. „Mir sind die Ohren zugegangen", sagen wir umgangssprachlich, wenn wir den Druck verspüren, und machen dann den Druckausgleich. Es ist eine wenige Zentimeter lange Röhre zwischen Nasen-Rachenraum und Ohr, die dafür verantwortlich ist. Sollte unser Sohn dazu nicht in der Lage sein, könnte er auf dem Flug einen Riss im Trommelfell erleiden und sein ohnehin schon eingeschränktes Hörvermögen ganz verlieren.

Ein HNO-Arzt beruhigte uns wenige Tage später. „Alles gut", sagte er nach der Untersuchung. „Er kann den Druckausgleich durchführen. Ihrem Flug steht nichts im Weg."

Wir flogen auf die Insel. Ich bin nicht nur ein Zahlenmensch, sondern auch ein Sommermensch, der auflebt unter mallorquinischem Himmel, dem Gegenteil vom typischen Hamburger Schietwetter mit den statistisch 133 Regentagen im Jahr. Bin ich vor Ort, genieße ich die Sonne, die Wärme und die Brise vom Meer, die nach Salz duftet. Doch dieses Mal fand ich keine Ruhe, und Yana ging es kein Haar anders. Was war mit unserem Kleinen los? Natürlich war uns aufgefallen, dass er nicht gut hören konnte. Und dass er sprachlich nicht so weit war wie sein Bruder im selben Alter. Nun waren wir alarmiert. Meine Gedanken drehten sich nur noch um seine Gesundheit.

„Eines ist klar", sagte ich zu Yana, als wir uns am ersten Urlaubstag zum Frühstück niederließen. „Wir gehen mit ihm zum besten Spezialisten, den es in Deutschland gibt."

Yana schenkte mir Kakao ein und verzauberte mich einmal mehr mit diesem Lächeln, in das ich mich vor so vielen Jahren verliebt hatte. Meine Güte, konnte es sein, dass es schon so lange her war? Als wir uns kennenlernten, war natürlich auch das Meer im Spiel gewesen, was nicht verwunderlich ist. Für Hamburger sind Timmendorfer Strand und Scharbeutz, Travemünde und Fehmarn, Weißenhäuser Strand und Heiligenhafen schließlich nur einen Katzensprung entfernt. Den größten Teil der Sommerferien meiner Kindheit verbrachte ich an der Ostsee, und zwar in Kalifornien. Wenn Sie mit der Gegend nicht so vertraut sind: Kalifornien heißt ein Strandabschnitt im Ostseebad Schönberg mit wunderbar weißem Sandstrand, der nahtlos in den Ortsteil Brasilien übergeht. Allein bei diesen Namen ist das der perfekte Ort, um die Liebe seines Lebens zu treffen.

Bei uns war es so wie bei Harry und Sally im gleichnamigen Film: Kaum hatten wir uns kennengelernt, verloren wir uns schon wieder aus den Augen. Dann trafen wir uns erneut bei einer Silvesterparty in Halstenbek, einem Ort im ehemaligen Moor- und Marschgebiet, in dem sich heute eine Baumschule an die andere reiht. Dort feierten wir eine Party, wie Sie sicherlich auch welche erlebt haben: Wenn sich nach und nach alle Gäste verabschieden, bis nur noch die zwei übrig bleiben, für die der Abend vom Schicksal eingefädelt wurde. An diesem Tag waren das Yana und ich. Wir spürten, dass sich unsere Herzen im Gleichklang befanden. Da wir jedoch beide gebunden waren, benahmen wir uns auch wie Harry und Sally. Vielleicht hatten die zwei die besseren Dialoge. „Ich habe über vieles nachgedacht, und die Sache ist die: „Ich liebe dich." – „Wie soll ich deiner Meinung nach darauf reagieren?" – „Wie wäre es mit ‚Ich liebe dich auch'?" Das ist schwer zu toppen. Doch auch bei uns ging es keusch zu, während wir angezogen auf dem Bett lagen und über Gott und die Welt redeten, bis es draußen hell wurde. Und hell wird es an einem Januartag im Moorgebiet von Halstenbek erst sehr spät.

Was danach geschah? Erneut verloren wir uns aus den Augen, bis wir uns ein halbes Jahr später in einer Disco in Kaltenkirchen plötzlich wiedersahen. Das ist ein Städtchen mit zwanzigtausend Einwohnern, das sich rühmen kann, gleich vier Eisenbahnhaltestellen zu besitzen sowie eine Großwohnsiedlung mit dem passenden Namen „Großer Karl" – und eben das Traffic, in dem an diesem Abend Liebesgott Amor seine Pfeile treffsicher ins Ziel setzte.

„Hast du noch deine Freundin?", fragte Yana.

„Nee. Und du deinen Freund?"

„Nein."

Mehr Worte brauchte es nicht. Das ist übrigens wie an der Börse. André Kostolany, eines meiner Vorbilder, von dem in diesem Buch noch zu hören sein wird, brachte es auf den Punkt: „Wer nicht fähig ist, selber eine Meinung zu bilden und eine Entscheidung zu treffen, darf nicht zur Börse", sagte er. André wäre stolz auf uns gewesen: Wir hatten unsere Meinung gebildet, und die Entscheidung fiel. Heute, während ich das niederschreibe, sind wir seit 23 Jahren ein Paar. Seit 15 Jahren sind wir verheiratet. Und wissen Sie was? Wir haben keine Minute davon bereut.

Kaum waren wir aus Mallorca zurück, fuhren Yana und ich mit unserem Jüngsten nach Hannover. Wie es meine Art ist, hatte ich mich im Urlaub darüber schlaugemacht, wer zu den besten Spezialisten für Hals-Nasen-Ohren-Heilkunde in Deutschland zählte. Meine Wahl fiel auf Prof. Dr. Dr. Thomas Lenarz, der zu dieser Zeit Direktor der HNO-Klinik und des Deutschen Hörzentrums der Medizinischen Hochschule Hannover war und als international anerkannter Spezialist für Hörprothesen und implantierbare Hörsysteme galt. Ich war beeindruckt, dass dieser Mann als bundesweit jüngster Ordinarius schon eine HNO-Klinik leitete und man sein Implantaten-Programm als weltweite Pionierleistung würdigte. Ein paar Tausend Menschen war dadurch schon geholfen worden – nun hofften wir, dass er auch bei unserem Sohn die Dinge zum Guten wenden konnte.

Als ehemaliger ambitionierter Handballer weiß ich, wie eine Klinik von innen aussieht. Dabei hatte ich in meiner Karriere immer Glück gehabt und mir nur einmal eine typische Verletzung zugezogen, einen dreifachen Bänderriss im rechten Sprunggelenk. Die üblichen Wehwehchen kurierte ich wie meine Sportkameraden nach dem Motto „Schmieren und salben hilft allenthalben". Jetzt war ich kerngesund und hatte trotzdem weiche Knie, als wir die HNO-Klinik betraten. Wie würde es meinem Kleinen darin ergehen?

Ein Arzt aus dem Team von Thomas Lenarz nahm uns in Empfang. Er führte uns in einen Raum, der auf den ersten Blick an ein Musikstudio erinnerte. Die Wände waren schallisoliert, damit der BERA-Test störungsfrei ablaufen konnte. Diese Abkürzung steht für *Brainstem Electric Response Audiometry*, und in diesem Bandwurmwort steckt sehr viel Technologie. Es geht darum, herauszufinden, wie gut ein Hörnerv bis zum Hirnstamm funktioniert.

„Falls es irgendwo eine Störung gibt", erklärte der Arzt, „können wir auf diese Weise den anatomischen Ort der Erkrankung herausfinden."

Während er meinem Jungen Elektroden aufsetzte, sprach er weiter: „Wir messen winzige elektrische Spannungen von wenigen millionstel bis milliardstel Volt, die im Innenohr und in den Hörnerven entstehen. Gleichzeitig können wir die Reaktionszeiten im Bereich von einer zehntausendstel Sekunde messen."

Mein Blick ruhte auf meinem Sohn. Ich war stolz darauf, wie gelassen er die Prozedur auf sich nahm. Dann wanderte mein Blick zum Arzt, der mit dem Test begann. Dieser sollte 45 Minuten dauern, denn der Mediziner wollte durch alle Frequenzen gehen. Ich nahm wahr, dass etwas nicht stimmte. Dass etwas ganz und gar nicht stimmte. Immer wieder schüttelte der Arzt ungläubig den Kopf. Nach nicht einmal der Hälfte der anberaumten Zeit beendete er den Test.

Mit ernstem Gesicht wandte er sich an Yana und mich. „Ich bedauere. Ihr Sohn hört erst ab einhundert Dezibel. Das ist die Lautstärke eines Presslufthammers in unmittelbarer Nähe."

Ich habe lange genug auf dem Bau gearbeitet, um zu wissen, dass man es ohne professionellen Lärmschutz neben einem Presslufthammer nicht aushält. Und mein Sohn sollte so ein lärmendes Monstergerät gar nicht hören, selbst wenn es direkt neben ihm loslegte? Das konnte nichts anderes heißen als … Noch immer wollte ich das Tabuwort nicht aussprechen.

Der Arzt sah mir mein Dilemma an. Behutsam nahm er das Gespräch wieder auf. „Wahrscheinlich leiten die Flimmerhärchen im Ohr den Schall nicht weiter. Bei einem Hörverlust in diesem Umfang sprechen wir von an Taubheit grenzender Schwerhörigkeit."

Jetzt war es heraus. Meine Augen wurden feucht. Gleichzeitig spürte ich, wie sich eine Energie in mir breitmachte, die immer da ist, wenn es Hindernisse zu überwinden gilt. Jeder von uns macht die Erfahrung, dass nicht alles glattgeht. Hinfallen darf man, keine Frage. Es geht darum, wie schnell wir wieder auf die Beine kommen. Auch da habe ich beim Handball viel gelernt. Ist Ihnen aufgefallen, wie schnell sich Handballspieler nach einem Foul wieder aufrappeln? Die Partien sind so rasant, dass es sich keiner leisten kann, liegen zu bleiben. Fallen, aufstehen, wieder fallen, erneut aufstehen – das ist der Ehrenkodex des erfolgreichen Handballers, der sich in seine DNA eingenistet hat. Jetzt fühlte ich mich wie nach einem ruppigen Foul – mein Sohn ist taub! – und war trotzdem dabei, wieder aufzustehen.

„Ich hab da was gelesen", sagte ich. „Wofür Professor Lenarz besonders bekannt ist. Es ist ein Implantat, nicht wahr?"

„Das ist richtig", bestätigte der Arzt. „Das Cochlea-Implantat ist ein Gerät, das die Funktion des beschädigten Innenohrs ausübt."

„Also wie ein Hörgerät?"

„Es macht viel mehr. Ein Hörgerät erhöht die Lautstärke eingehender Geräusche. Ein Cochlea-Implantat ist in der Lage, Audiosignale direkt ans Gehirn zu übertragen."

Der Arzt hatte unseren Sohn inzwischen von den Elektroden befreit. Yana nahm den Jungen auf den Schoß. „Wie wird so ein Implantat angebracht?", fragte sie.

„Es wird operativ befestigt", lautete die Antwort. „Wenn Sie sich dafür interessieren, können wir gerne im Detail darüber sprechen."

Okay, harter Hund hin oder her: Die nächsten Tage heulte ich immer wieder wie ein Schlosshund, wenn ich an das Los unseres Kleinen dachte. Ich schämte mich meiner Tränen nicht. Unsere Welt scheint eine visuelle Welt zu sein, doch täuschen wir uns nicht. Gut zu hören ist immens wichtig.

„Blindheit trennt von den Dingen, Taubheit von den Menschen", notierte die Schriftstellerin Helen Keller. Gemeint ist, dass taube Menschen nur schwer in der Lage sind, mit anderen in Kontakt zu kommen. Vor diesem Schicksal wollte ich unseren Sohn bewahren. Daher war ich so gut vorbereitet, wie wenn ich an der Börse Entscheidungen zu treffen habe, als wir einige Zeit später in Hannover einen Termin bei Thomas Lenarz hatten. Was es über Cochlea-Implantate zu lesen gab, hatte ich gelesen. So konnte ich zielgerichtete Fragen stellen, die rasch zu einem Ergebnis führten.

„Ja", bestätigte Thomas Lenarz, „Cochlea-Implantate können Ihrem Sohn helfen." Die Untersuchung hatte ergeben, dass er in der Lage war, sie zu tragen, was nicht bei allen Menschen der Fall ist.

Dann schaltete sich eine Assistentin ein. „Sie werden sich gedulden müssen", sagte sie. „Wir müssen viele Anträge an die Krankenkasse stellen, und die Erfahrung zeigt, dass es einige Zeit dauert, bis diese bewilligt sind."

Ich habe in allen Lebensphasen Wichtiges gelernt: Als Maurer auf dem Bau, dass jedes Haus ein solides Fundament braucht, damit man in die Höhe streben kann. Als ambitionierter Sportler, dass man über die Schmerzgrenze gehen muss. Und als Vertriebler, dass man ein Nein niemals akzeptiert. Weil bei einem Nein das Verkaufen erst anfängt. Weil dieses Wort nichts anderes bedeutet als „noch einen Input nötig". Ich war bereit, diesen Input zu geben.

„Wir brauchen nicht zu warten", sagte ich. „Falls es die Sache beschleunigt, zahle ich die Kosten aus meiner eigenen Tasche."

Die Assistentin schüttelte den Kopf. „Ich befürchte, Sie unterschätzen das", meinte sie. Sie nannte einen sechsstelligen Betrag, der zu dieser Zeit für Cochlea-Implantate bezahlt werden musste.

„Ist okay", antwortete ich. „Es ist mir jeden Cent wert."

Über das Wörtchen „Wert" werden wir noch sprechen in diesem Buch. Ich bin ein sogenannter Value-Anleger. Das heißt, ich lege mein Geld in Aktien an, die für echte Unternehmenswerte stehen. Auch beim Konsum achte ich auf solche Werte.

Wenn ich mir etwas kaufe, wird es etwas sein, das einen Wert darstellt und diesen Wert auch erhält. Daher fiel mir in diesem Fall die Entscheidung leicht. Unser Sohn würde mit Cochlea-Implantaten hören und aktiv am Leben teilnehmen können. Eine bessere Investition in Werte konnte es nicht geben.

Noch immer las ich Zweifel in den Gesichtszügen der Assistentin. Ich war darauf vorbereitet. „Sehen Sie", sagte ich und zog einen aktuellen Depotauszug hervor. „Wenn es sein muss, lege ich das Geld hier auf den Tisch. Sagen Sie mir nur, wann mein Sohn behandelt werden kann."

Sie warf einen schier ungläubigen Blick auf die Zahl, die ich vorsorglich mit Leuchtstift markiert hatte.

„Wow", sagte sie und pfiff durch die Zähne. „In diesem Fall können wir rasch handeln. Wir haben nächste Woche einen Termin frei. Wollen wir den nehmen?"

„Ich bitte darum", sagte ich. Und fügte leise hinzu. „Herr Müller zahlt in bar."

Unser Leben ist ein ständiges Auf und Ab. Bei manchen Menschen sind diese Lebenskurven stärker ausgeprägt, bei anderen weniger. Da die Börse nichts anderes tut, als das Leben von seiner unternehmerischen Seite abzubilden, versteht es sich von selbst, dass wir auch dort dieses Auf und Ab beobachten – bei manchen Unternehmen mehr, bei anderen weniger. Immer wieder versuchen Börsianer, solche Zyklen zu analysieren, um sie vorhersagen zu können. Sie sprechen dann vom Schweinehälftenzyklus, vom Zyklus beim Herstellen von Computerchips, vom Schiffbauzyklus, dem Zyklus beim Wohnungsbau, dem bei Rohstoffen und von vielen anderen. Machen wir es kurz: Diese Zyklen exakt vorherzusagen ist so unmöglich, wie das Leben vorherzusagen. Keiner von uns hat eine Kristallkugel, in der er die Zukunft lesen kann. Wer weiß, was als Nächstes geschieht? Wer kann ahnen, ob sein Kind von heute auf morgen ein irre teures Implantat benötigt? Deshalb brauchen wir einen klaren Lebensplan, damit wir in solchen Situationen die richtigen Entscheidungen treffen können. Das gilt fürs Leben und damit auch für die Börse. Dort sind es Indikatoren, Charts und eine klare Strategie, die uns dabei helfen.

Das Schicksal meines jüngsten Sohnes hat mir einmal mehr klargemacht, aus welcher Motivation heraus ich schon als junger Bursche den Plan ins Auge fasste, sehr reich zu werden. Weil Geld uns Chancen und Sicherheit gibt. Weil Reichtum die ultimative persönliche Freiheit bedeutet. Wahrscheinlich kennen Sie diese Rechnung: Sie genießen finanziellen Schutz, wenn Sie sechs- bis zwölfmal Ihr Monatsnettogehalt auf dem Konto haben. Jüngst ergab eine Umfrage, dass ein Drittel aller deutschen Haushalte keine Ersparnisse auf der hohen Kante liegen hat. Von finanziellem Schutz keine Spur, geschweige denn von finanzieller Sicherheit.

Für Letztere müssen Sie genug Geld besitzen, dass die Zinsen ihr aktuelles Leben finanzieren. Finanzielle Freiheit wiederum bedeutet, dass Geld keine Rolle spielt, egal was kommt. Finanzielle Freiheit stellt in unserer westlichen Welt die höchste Stufe der Persönlichkeit dar. Es sind diese bedruckten Scheine, die alles verändern und Türen öffnen.

Verstehen Sie mich richtig: Geld ist nicht alles, aber ohne Geld ist alles nichts. Damit ist gemeint: Geld ist neutral, denn es ist entscheidend, was wir daraus machen. Wir können Geld spenden für die Schule in Afrika oder den Brunnen für ein Dorf ohne Wasser. Dann wirkt unser Geld positiv. Wir könnten auch Waffen kaufen und einen Krieg anzetteln, dann wirkt unser Geld negativ. Es liegt in unserer Hand, was wir daraus machen. So gesehen stellen wir fest, dass Geld nichts anderes ist als eine Form von Energie.

Welchen Wert geben wir Geld und welchen Wert stellt Geld für uns dar – das sind zwei spannende Fragen, die mein Leben entscheidend geprägt und verändert haben. Was meinem Sohn widerfuhr, war für mich ein deutlicher Hinweis, warum mir finanzielle Freiheit und die damit verbundene Chance, Geld positiv zu benutzen, wichtig ist. Das ist der Grund, warum ich heute alles dafür tue, damit Sie ebenfalls die Chance haben, finanzielle Freiheit zu erlangen.

Auf in den Kampf … gegen negative Glaubenssätze!

„Leute, die Geld ausgeben, verstehen nichts von den wahren Freuden eines Kapitalisten."
Dagobert Duck (unsterblich), reichste Ente der Welt

„Wenn man lange genug an einem Ort lebt, wird man zu diesem Ort." Ist es überraschend, dass Sylvester Stallone im Film „Rocky Balboa" diesen klugen Satz ausspricht? So gesehen bin ich Ellerbek, mein Geburtsort, in dem ich seither lebe. Es hat mich nie von hier weggezogen. Ich kenne jede Straße, jedes Haus – einige davon habe ich selbst gebaut – und viele der Menschen, die in Ellerbek leben. Mein Büro befindet sich am Ortsrand in einem typischen Mischgewerbegebiet. Es ist ein großes Gebäude, das sich um einen geräumigen Innenhof erstreckt. Neben der Ulrich Müller Wealth Academy gibt es Handwerker und Dienstleister. In der Nachbarschaft gehen Getränkehändler und Lieferanten von Baustoffen ihren Geschäften nach. Manche Leute fragen sich, warum ich nicht im nahen Hamburg residiere, an der Binnenalster oder im schicken Quartier der Hafen-City? „Warum sollte ich?", lautet meine Antwort. Dort werde ich keine besseren Tradings machen. Und ich kann auch nicht mit dem Fahrrad von zu Hause zur Arbeit radeln.

Meinen Bruder Philipp und mich verbindet vieles. Zum einen, weil wir Zwillinge sind. Zum anderen, weil wir, wie das bei

Brüdern oft der Fall ist, in unserer Kindheit beste Freunde und engste Verbündete waren, aber auch Konkurrenten. Wir standen uns nahe und waren trotzdem immer bestrebt, den anderen auszustechen, um die Gunst unseres Vaters zu bekommen. Vielleicht musste ich mich dabei etwas mehr anstrengen. Ich bin der Zweitgeborene, der mit nur 2100 Gramm auf die Welt kam, während es mein Bruder auf 3500 Gramm brachte. Meine Mutter hatte eine schwierige Schwangerschaft durchlaufen, die mit einem Notfallkaiserschnitt endete, als meine Herzfrequenz auf 44 Schläge pro Minute fiel. Nach der Geburt kam ich sofort in den Brutkasten.

„Der Junge", sagte ein Arzt bedauernd, „bekam nur zehn Prozent des Mutterkuchens. Sein Bruder den Rest."

Heute sehe ich das als meinen ersten Todeskampf an, der begann, noch bevor ich auf der Welt war. Oder sollte ich es besser so ausdrücken: Es war mein erster Kampf ums Überleben? Bei diesem Kampf wurde ich ein Stück weit geformt. „Du wirst um alles kämpfen müssen", lautete die Botschaft. „Und dein größter Konkurrent ist der Mensch, der dir am nächsten steht."

Damit begannen die beiden Leben der Müller-Brüder, die lange Zeit parallel verliefen, sich dann voneinander entfernten, um sich erneut zu umranken wie Rosen in einem Strauch, die sich mit ihren Dornen in die Quere kommen. Meiner Meinung nach können mein Bruder und ich nicht ohneeinander, aber auch nicht miteinander. Für die Zwillingsforschung gäben wir einen spannenden Fall ab.

Interessanterweise kenne ich aus meiner Zeit als Handballprofi einige Zwillingspaare, die in diesem Sport gemeinsame Erfolge feiern, in manchen Fällen aber auch erbitterte Konkurrenten sind. So weit kam es bei uns in diesem Bereich nicht. Während Sport für mich zum wichtigen Teil meines Lebens wurde, konnte sich mein Bruder irgendwann nicht mehr richtig dafür begeistern. Ein paar Jahre spielten wir gemeinsam

Tennis und schlugen uns derart die Bälle um die Ohren, dass andere Spieler auf dem Court die Schläger sinken ließen. Irgendwann erlahmte bei ihm das Interesse an der gelben Filzkugel, während ich weitermachte. Daneben wurden Tischtennis, Handball und Fußball zu meinen Leidenschaften.

Trotzdem hatte ich stets das Gefühl, dass ich um jeden Erfolg ringen musste, während meinem Bruder die Dinge zuflogen. Als meine Eltern uns zum Musikunterricht anmeldeten, focht ich einen einsamen Kampf mit den weißen und schwarzen Tasten des Keyboards aus. Wie ich die Sache sah, brauchte mein Bruder die Noten nur anzuschauen, schon konnte er spielen. Eigentlich wäre es unter diesen Umständen logisch gewesen, wäre aus mir der verbissene Zweite geworden. Das Gegenteil war der Fall: Ich war ein fröhlicher und optimistischer Junge, zu dem sein Vater sagte: „Du bist mein Sonnyboy. Du wirst sehen, dir fliegt im Leben alles zu!"

Moment mal, was für ein Widerspruch! Ich war der Meinung, mein Bruder würde alles mit links erledigen. Mein Vater glaubte, bei mir wäre das der Fall. So stachelte er unseren Konkurrenzkampf immer wieder aufs Neue an. Brachte Philipp eine bessere Note mit nach Hause, bekam ich zu hören: „Dein Bruder hat in Mathe eine Eins, du nur eine Zwei. Was ist da los?" Ihm hielt er vor, dass ich schlanker sei als er. Ich kann nicht mit Sicherheit sagen, ob mein Vater das tat, weil er uns dadurch zu besseren Leistungen anspornen wollte, oder ob es daher rührte, dass er selbst mit seinem fünf Jahre jüngeren Bruder in Konkurrenz stand. Jedenfalls motivierte es uns, immer noch eine Schippe draufzulegen, was am Ende keinem geschadet hat.

Wir sind nicht mit goldenen Löffeln im Mund aufgewachsen, aber auch nicht in armen Verhältnissen. Meine Eltern repräsentierten den typisch deutschen Mittelstand. Das war ihnen nicht in den Schoß gefallen – ganz im Gegenteil: Sie hatten sich alles hart erarbeiten müssen. Sie gehörten zu denen, die Deutschland nach dem Zweiten Weltkrieg wiederaufbauten. Ich habe nicht vergessen und werde das niemals tun, dass wir wirtschaftlich von den Errungenschaften unserer Elterngeneration zehren.

Mein Vater hatte seine Eltern früh verloren und war gezwungen, für sich selbst zu sorgen. Kann ich mir eine Vorstellung davon machen, wie es ihm dabei erging? Als ich 1977 auf die Welt kam, sah sich die Bundesrepublik Deutschland gerade keinen einfachen Zeiten gegenüber. Man muss sich nur an die RAF erinnern, die Entführung des Flugzeugs „Landshut" und die vielen Terroranschläge allein in diesem Jahr wie der Mord an Arbeitgeberpräsident Hanns Martin Schleyer. Doch wie sah das Land aus, als mein Vater 1945 auf die Welt kam? Deutschland war eine Trümmerwüste. Nach 190 Bombenangriffen war vom stolzen Hamburg und seinem Welthafen kaum mehr etwas übrig. So lernte mein Vater schnell, was Hunger ist. Im Winter trug er kurze Hosen, weil er keine langen besaß. Im Alter von zehn Jahren verdingte er sich als Zeitungsausträger. Das Geld, das er dafür bekam, gab er zu Hause ab, um mitzuhelfen, die Familie über die Runden zu bringen. Mit vierzehn begann er seine Lehre als Maurer. Dabei träumte er davon, eines Tages Bauingenieurwesen zu studieren.

„Das kannst du vergessen", winkte mein Opa ab. „So was können wir uns nicht leisten. Dafür habe ich kein Geld."

Das war gelogen. Als Großvater starb, fand man im Keller bündelweise Geld. Hunderttausend Mark hatte er gebunkert, von denen keiner etwas wusste. Als mein Vater davon Wind bekam, schwor er sich: „Sollte ich Kinder bekommen, werden sie immer etwas zu essen haben und ein Dach über dem Kopf. Wollen sie studieren, dürfen sie das, egal was es ist."

So entstand aus dem Verhalten meines Großvaters ein starker Glaubenssatz meines Vaters, der ihn zeit seines Lebens zu großen Leistungen antrieb. Auch mich hat die negative Haltung meines Opas zu Geld geprägt, obwohl ich ihn nie kennenlernte. Geld zu verstecken und die eigene Familie darüber in Unkenntnis zu lassen, sie sogar auszubeuten, das geht nun wirklich nicht.

„Wir können es uns nicht leisten", sagte mein Opa zu meinem Vater, weshalb dieser daran glaubte, dass das Geld an allen Ecken und Enden fehlte. Wohin so ein Glaubenssatz führt, kann ich heute immer wieder im Supermarkt beobachten. Sicher kennen Sie diese Situation: Da stehen Sie sich an der Kasse die Beine in den Bauch, weil es ewig dauert, bis die Warteschlange nach vorn rückt. Deshalb haben die schlauen Retailspezialisten ihre Lockvogelangebote genau dort aufgebaut: Zigaretten, Alkohol und diese Mitnahmeware, die kein Mensch braucht, die nun aber trotzdem im Einkaufswagen landet. Auch für Kinder gibt es jede Menge Anreize in Form von Süßigkeiten.

„Mami!", höre ich es quengeln. „Ich will diesen Riegel!"

Die Antwort kommt prompt: „Nimm die Finger weg. Das können wir uns nicht leisten!"

Wende ich Mutter und Kind den Kopf zu, sehe ich eine Frau, in deren Einkaufswagen sich bereits wahre Berge türmen. Sie hat alle Hände voll zu tun, den Nachwuchs vom Süßigkeitenregal fernzuhalten. In der Sache hat sie ja recht. Ein weiterer Riegel, noch eine Tafel Schokolade, diese Kekse und jenes Eis braucht es nicht. Nur was sie sagt, ist falsch. Angesichts des vollen Einkaufswagens ist „das können wir uns nicht leisten" schlicht und einfach eine Lüge. Die, im Laufe der Zeit oft genug hervorgebracht, beim Kind einen negativen Glaubenssatz in Sachen Geld hervorrufen wird. In diesem Buch werde ich an verschiedenen Stellen immer wieder darauf zurückkommen, wie wichtig es ist, unseren Kindern positive Glaubenssätze mitzugeben.

Gehört „Das kann ich mir nicht leisten" auch zu Ihrem Standardrepertoire, liegt darin ein Grund verborgen, weshalb Sie sich viele Dinge nicht leisten können. Ich bin mir sicher, dass Sie diesen Satz nach der Lektüre des Buches aus Ihrem Kopf verbannt haben. Denn ich weiß zu gut, wovon ich spreche.

Nachdem es meinem Vater gelungen war, ein eigenes Baugeschäft zu gründen, legte er 60 000 DM bei VEBA und VIAG an, die später zum Energiegiganten E.ON fusionierten. Als der Aktienkurs fiel und nur noch 40 000 DM übrig waren, machte er denselben Fehler wie viele andere: Er verkaufte seine Aktien und verlor auf diese Weise viel Geld. Sie können sich vorstellen, was er anschließend zu diesem Thema zu sagen hatte. Aktien waren für ihn von da an eine legale Geldvernichtungsmaschine. Mit ihnen konnte man nur verlieren. Es gibt Millionen Menschen in Deutschland, die genauso denken. In dieser Zeit nahm ich viele negative Glaubenssätze in Sachen Aktien auf, die ich erst später wieder loswerden konnte.

Bei uns zu Hause waren die Aufgaben klar aufgeteilt, auch darin gehörten wir zum deutschen Mittelstand. Mein Vater war für alles zuständig, was zum Geschäft gehörte, zum Haus und zum Auto. Meine Mutter kümmerte sich um die familiären Angelegenheiten. Diese klassische Aufteilung hat sich auf mich und meine Familie übertragen. Auf meinen Seminaren erzähle ich, dass ich nie die Waschmaschine ausgeräumt oder die Geschirrspülmaschine eingeräumt habe. Nicht weil ich zwei linke Hände besitze und mich Yana wegscheuchen würde, damit ich keinen Unsinn anstelle, sondern weil wir uns in dieser Konstellation wohlfühlen.

Das war auch bei meinen Eltern der Fall. Meine Mutter liebte es, für die Familie da zu sein, und mein Vater liebte die Arbeit, auch wenn sie ihn die Gesundheit kosten sollte. Einem Mann mit seiner Kindheit hatte niemand beigebracht, dass stetige Leistung nur erbringen kann, wer es versteht, das richtige Maß an Pausen einzulegen.

Spricht man mit Trainern von Hochleistungssportlern, lernt man, welche Fortschritte auf diesem Gebiet gemacht wurden. Heute legt man im Spitzensport auf den Erholungsfaktor ebenso viel Wert wie auf fordernde Trainingseinheiten.

Was meinen Vater und sein Geschäft anging, so betrieb er Hochleistungssport – allerdings ohne dass jemand zur Halbzeit pfiff. Sepp Herberger, der legendäre Trainer der Fußballweltmeistermannschaft von 1954, brachte mit dem Spruch „Nach dem Spiel ist vor dem Spiel" den Geist dieser Zeit zum Ausdruck. So war es bei meinem Vater. Nach der Arbeit war vor der Arbeit. Kam er aus der Firma nach Hause, setzte er sich an den Schreibtisch, der praktischerweise im Wohnzimmer stand, und machte weiter, wo er kurz zuvor aufgehört hatte.

Als mein Bruder und ich zehn Jahre alt waren, nahm er uns zur Seite. „Hört mal, Jungs", sagte er. „Was wollt ihr später werden?"

Natürlich hatte mein Vater eine Idee von der Zukunft seiner Söhne. Was ich damals antwortete, kann ich heute nicht mehr sagen. Auch was mein Bruder dazu meinte, entzieht sich meiner Erinnerung. Hängen geblieben ist die feste Vorstellung meines Vaters. Er hätte uns gerne in der Firma, begann er. Dann wurde er konkret. „Einer von euch lernt Maurer, wie ich es getan habe, und studiert dann Bauingenieur." Vielleicht machte er an dieser Stelle eine Pause, um den Gedanken zu verscheuchen „Was ich nicht durfte, weil mein Vater mich angelogen hat". „Der andere studiert Jura. Das passt. Das ist eine gute Kombination fürs Geschäft."

Für ihn stand außer Frage, dass wir gut miteinander auskommen würden. Ansonsten wäre seine Idee von Anfang an zum Scheitern verurteilt. Dabei konnte mein Vater keine positiven Erfahrungen ins Feld führen, weil er mit seinem Bruder ständig im Clinch lag. In meiner Erinnerung galten Philipp und ich zu dieser Zeit als ein Herz und eine Seele. Steckten wir nicht ständig die Köpfe zusammen? Heckten wir nicht die tollsten Streiche aus? Für meinen Vater war es eine ausgemachte Sache, dass wir sein Geschäft zur neuen Blüte führen würden. Es galt nur noch festzulegen, wer von uns der Maurer und wer der Jurist werden sollte.

In seinem Memoire „Total Recall – Die wahre Geschichte meines Lebens" beschreibt Arnold Schwarzenegger sein Verhältnis zu seinem Bruder Meinhard. Damals war er in einem ähnlichen Alter wie ich, als mein Vater diese Zukunftspläne schmiedete. Während Arnold auf den Bauernhof einer Tante geschickt wurde, um dort zu schuften, durfte sein Bruder zu Hause bleiben, den „Spiegel" lesen, was sonst keiner in der Familie tat, und in weißen Hemden zur Schule gehen. „Ich fühlte mich übergangen", beschreibt Arnold seine Gefühlswelt von damals, weil man in der Familie der Meinung war, dass sein Bruder im Büro arbeiten und studieren sollte, während für ihn das Los des Arbeiters blieb. „Ich hatte jedoch andere Vorstellungen", fügte er hinzu, und die hat er imponierend durchgesetzt.

Wie schwer das ist, erfuhr ich am eigenen Leib.

Gut möglich, dass mein Vater einen Blick auf unsere schulischen Leistungen geworfen hatte, als er seine Entscheidung traf. So wie ich es sehe, wurde ihm dann klar, dass mir – um im Bild zu bleiben – Arnolds Rolle zustehen sollte und Philipp die von Meinhard. Meine Zeugnisse konnten kaum mit denen meines Bruders mithalten.

Das lag keineswegs daran, dass ich mich schwertat zu lernen oder nicht verstand, was die Lehrer zu sagen hatten. Der Grund war, dass ich nicht damit zurechtkam, wie der Stoff dargeboten wurde. Vom ersten bis zum letzten Tag meiner Schullaufbahn langweilte ich mich. In manchen Fächern wusste ich die Antworten, noch bevor der Lehrer seine Frage ausgesprochen hatte. So gesehen brachte mir die Schule nur Verdruss – was umso bemerkenswerter ist, da Lernen zu meinen Lieblingsbeschäftigungen gehört.

Es ist eine weit bekannte Tatsache, dass Kinder gerne lernen, und Erwachsene ebenfalls. Wir wissen aus der Gehirnforschung, wie Lernen Glückshormone freisetzt. Das hat die Natur so eingerichtet, um Menschen den immerwährenden Lernprozess zu sichern. Daher ist die Redewendung „Was Hänschen nicht lernt, lernt Hans nimmermehr" längst ins Reich der dummen Sprüche verbannt. Egal in welchem Alter wir uns befinden: Wenn es etwas gibt, was uns interessiert, können wir es lernen.

Im Wörtchen „interessiert" liegt der Hund begraben. Offenbar gab es in der Schule Unterrichtsstoff, der mich kaltließ. Sie können mir glauben, dass mir täglich ein neuer Stein vom Herzen plumpst, wenn ich mitbekomme, wie sehr sich meine Jungs für den Schulstoff von heute begeistern. Auch wenn es meinem ältesten Sohn ergeht wie mir – oft hat er die Antwort für seinen Mathelehrer parat, bevor dieser zu Ende gesprochen hat –, braucht er sich nicht zu langweilen, da er gefordert und gefördert wird. Daher bin ich guter Hoffnung, dass seine Schulkarriere einen anderen Verlauf nimmt als meine.

Damals suchte ich mir andere Herausforderungen. Auch da gibt es Parallelen zu Arnold Schwarzeneggers Kindheit. Er schreibt in seinen Lebenserinnerungen, wie er die harte Arbeit, die für ihn auserkoren worden war, gerne erledigte. Er nahm die Sache sportlich, das tat ich auch. Ich war gerne mit meinem Vater auf Baustellen unterwegs und packte mit an. Es gab viel zu lernen, und da ich Interesse zeigte und motiviert war, hatten meine Glückshormone genug zu tun. Spreche ich heute in meinen Seminaren davon, dass die Formel „Tausche Zeit gegen Geld", die für viele Berufe gilt, nicht geeignet ist, um reich zu werden, meine ich das keinesfalls respektlos solchen Jobs gegenüber. In der Coronakrise wurden viele als systemrelevant eingestuft, was bedeutet, dass unsere Gesellschaft bedroht ist, wenn keiner mehr in diesen Arbeitsfeldern tätig wird.

Dabei ist das nicht neu: Schon in der Anfangsphase der Industrialisierung gab es Jobs, die wichtig waren, aber derart schlecht bezahlt wurden, dass sich die Bosse gezwungen sahen, Leute von weit her zu holen. Die Stunde der Gastarbeiter wurde im achtzehnten Jahrhundert eingeläutet. Das gleiche Spiel wiederholte sich während des deutschen Wirtschaftswunders und später im Bereich der Pflegeberufe ab den Neunzigerjahren.

Während ich meinem Vater als Halbwüchsiger auf der Baustelle half, machte ich mir darüber noch keine Gedanken. Später, in der Zeit meiner Maurerlehre, dagegen schon. Damals begann eine Idee zu reifen, die ich gemeinsam mit meinem Bruder weiterentwickelte: Was wäre, wenn wir richtig reich werden? Um uns gleich die nächste Frage zu stellen: Was heißt das eigentlich, richtig reich zu sein? Kannten wir Menschen, die richtig reich waren? Wenn ja, was taten sie? Auf welche Art und Weise waren sie reich geworden?

Lernen heißt: Wir haben Fragen und suchen Antworten auf einem Gebiet, das uns unbekannt ist und erforscht werden will. So gesehen ist Lernen etwas Natürliches. Es kommt darauf an, den Weg zur guten Antwort zu finden. Wer herausfinden möchte, wie man Brot backt, geht zum Bäcker und schaut ihm über die Schultern. Wer das beste Brot backen will, geht zum besten Bäcker. Aus diesem Grund mussten mein Bruder und ich ein paar Hindernisse aus dem Weg räumen, da wir in unserem nächsten Umfeld keine reichen Menschen kannten, die wir fragen konnten, wie sie die Sache angegangen sind.

Es sind diese kleinen und großen Hindernisse, die auf dem Weg zum Erfolg die Spreu vom Weizen trennen. Menschen, die ihre Ziele erreichen, sind Menschen, die alle kleinen und großen Hindernisse überwinden. Das ist im Sport so, in Kunst und Kultur, in jedem denkbaren Beruf. Auch wenn es darum geht, reich, sehr reich oder am besten so reich wie Dagobert Duck zu werden, haben wir die Wahl. Sind wir bereit, alle Hindernisse auf dem Weg dorthin zu überwinden? Oder, wie ich mich in meinen Seminaren ausdrücke: Bist du bereit, den Preis zu zahlen? Wenn dieser Preis Lernen bedeutet, war ich nach meiner Schulzeit immer dazu bereit.

Die Chancen stehen gut, dass auch Sie sich für ein Leben als Dagobert Duck entscheiden wollen. Sonst hätten Sie dieses Buch nicht gekauft. Oder fiel es Ihnen zufällig in die Hände, oder zögern Sie, weil das faule Leben von Dagoberts Neffen Donald auch seine Reize hat? Sollte das so sein, halte ich nicht hinterm Berg: Um wie Dagobert leben zu können, müssen wir viel tun.

Bevor wir darüber sprechen, was das alles ist, will ich mich bei Ihnen in aller Form vorstellen. Bisher wissen Sie, dass ich in der Schule keine Leuchte war, Maurer gelernt habe und noch immer ein guter Sportler bin. Was Sie ebenfalls wissen sollten: Ich bin reich, sehr reich, und – jawohl – ich spreche darüber. Den urdeutschen Satz „Über Geld spricht man nicht“ habe ich dorthin verfrachtet, wo „Was Hänschen nicht lernt, lernt Hans nimmermehr“ gelandet ist: auf die Müllhalde strunzdummer Sprüche, die nur dafür geschaffen wurden, damit Sie Ihr wahres Potenzial nicht entfalten können. Sie lesen richtig: Dummsprüche sollen Sie kleinhalten. Dieses Buch dagegen soll Sie groß machen.

Erinnern Sie sich an die Sache mit dem finanziellen Schutz, der finanziellen Sicherheit und der finanziellen Freiheit? Finanzielle Freiheit genießen Sie, wenn Geld keine Rolle spielt, egal was kommt. Wir können das den Dagobert-Zustand nennen. Dorthin wollte ich gelangen, und inzwischen bin ich da. Das schafft man nicht mit Glück, Tricksereien oder dem Lottoschein. Das sind unzuverlässige Taktiken. Daher verlieren achtzig Prozent aller Lottomillionäre ihren Gewinn in erschreckend kurzer Zeit wieder, weil sie geistig gar nicht darauf vorbereitet sind, mit viel Geld umzugehen. Den Dagobert-Zustand können Sie nur mit einer klaren Strategie erreichen. Dabei geht es ums Sparen, ums kluge Wirtschaften, um echte Werte und um Aktien. Da ist nichts dabei, was man nicht verstehen kann, und über all das sprechen wir in diesem Buch.

Ich bin mit Aktien reich geworden und mit einer klaren Strategie, die ich derart verfeinert habe, dass jeder Mensch, der denselben Weg geht, sich dauerhaft drei bis sechs Prozent Rendite pro Monat sichern kann.

Nun liegt es an Ihnen, Glaubenssätze zu überprüfen. Sind Aktien eine Geldvernichtungsmaschine, wie es mein Vater sagte? Oder wird das Geld mithilfe von Sparbuch und Lebensversicherungen vernichtet, wie ich es sage? Auf dem Sparbuch hat ein Großteil der Deutschen sein sauer Erspartes liegen, nämlich – und jetzt halten Sie sich fest – zum Ende des Jahres 2019 rund 558 Milliarden Euro. Ich fordere Sie nicht auf, diese Zahl aufzuschreiben, weil Sie vermutlich nicht auf Anhieb wissen, wie viele Nullen Sie dazu brauchen. Sagen wir es so: Es sind zu viele. Weil ein Sparbuch nichts weiter als eine Nullnummer ist. Inflationsbereinigt erhalten Sie null Zinsen von der Bank, der Sparer auf diese Art und Weise das Geld buchstäblich hinterherwerfen.

Meine Frage an Sie: Was hat Ihnen Ihre Bank Gutes getan, dass Sie ihr Geld schenken? Zumal dieses Geschenk gar nicht mehr willkommen ist. Während ich diese Zeilen schreibe, pumpen Regierungen und Notenbanken auf der ganzen Welt Billionen ins System. Billionen – dafür müssen wir noch ein paar Nullen hinzufügen. Für normale Hausbanken wird es zunehmend zum Problem, was sie mit dem Geld auf Tante Ernas Girokonto oder auf Onkel Ottos Sparbuch machen sollen. Wenn es blöd kommt, muss die Bank selbst Negativzinsen zahlen, die sie flugs an Erna und Otto weitergeben wird, sobald es gesetzlich möglich ist. Wird es die beiden davon abhalten, ihr Erspartes weiterhin auf Sparbuch & Co zu packen?

Wir Deutschen glauben, dass es sich dabei um sichere Geldanlagen handelt, doch weit gefehlt. Früher hatte man den risikolosen Zins, heute haben wir das zinslose Risiko. Und das in einem

Land, in dem Sicherheit nach zwei Weltkriegen und mehreren Währungsreformen ein hohes Gut ist.

Gab es bei uns einmal eine Aktienemission im großen Stil wie 1996 die der Telekom, ging die Sache gründlich in die Hose. Manfred Krug, damals einer der beliebtesten Schauspieler, warb für diese sogenannte Volksaktie. Bei der Erstemission wurden auf einen Schlag 713 Millionen Aktien verkauft, fünf Mal mehr hätten es sein können. Gut zwanzig Milliarden DM nahm die Telekom damit ein. Dann fiel der Kurs, und fiel und fiel und fiel. Warum? Weil keine Werte hinter dem Papier standen. Der arme Manfred Krug musste öffentlich zu Kreuze kriechen für seine Reklame, was der Sache auch nichts mehr nützte. Tante Erna und Onkel Otto, die sich von ihrem Bankberater ein paar Telekom-Aktien hatten aufschwatzen lassen, weinten bittere Tränen. Wer will es ihnen verdenken, wenn sie danach sagten: Lasst mich nur mit Aktien zufrieden. Die sind alle bäh!

Was für mich zu den wunderbarsten Erfahrungen in meinem Leben gehört ist nicht die Tatsache, dass ich mit Aktien sehr reich wurde, sondern dass sich in meinen Seminaren immer wieder Menschen einfinden, die ähnliche Ansichten wie Tante Erna und Onkel Otto mitbringen. „Eigentlich“, sagen sie, „sind Aktien nichts für mich.“

Warum? Verwandte, Bekannte, Freunde oder sie selbst haben keine guten Erfahrungen gemacht. Manchmal sind es bloß Gerüchte, negative Artikel in der Zeitung oder schlicht und einfach Unkenntnis, die zum unguten Gefühl in der Magengegend führen. Was kann man auch mit Sätzen anfangen, wie ich sie heute in der Zeitung las? Dort stand auf der Wirtschaftsseite: „Der Dax weitete seine Verluste aufgrund einer nachgebenden Wall Street aus und fiel unter die Marke von 12 500 Punkten, nachdem er am Dienstag einen ähnlich hohen Verlust verzeichnet hatte.“

Das klingt nach böhmischen Dörfern, die obendrein unter Beschuss stehen. Trotzdem war für diese skeptischen Teilnehmer die Neugier groß genug, mein Seminar zu besuchen. Offenbar gibt es einen Hoffnungsschimmer, dass mit Aktien doch Geld zu verdienen ist. Das liegt womöglich an Zeitungsartikeln wie diesem – ich habe ihn passenderweise derselben Ausgabe entnommen, ein paar Seiten weiter: „Die Reichen haben vor der Coronakrise trotz Konjunktureintrübung und internationaler Handelskonflikte weltweit mehr Vermögen angehäuft. Vor allem gestiegene Aktienkurse trieben das Vermögen der Dollarmillionäre 2019 gegenüber dem Vorjahr um 8,6 Prozent auf 74 Billionen US-Dollar (65,58 Billionen Euro), wie aus einer Untersuchung des Beratungsunternehmens Capgemini hervorgeht. 2019 lag Deutschland mit rund 2,1 Millionen Menschen weltweit auf Platz 5 in der Rangliste der Dollarmillionäre."

Auf der einen Seite haben wir also Leute, die sich vor Aktien fürchten und ihr Geld den Sparbüchern der Banken anvertrauen, die – seien wir mal ehrlich – nicht besonders vertrauenswürdig sind, wie eine Bankenkrise nach der anderen zeigt. Dann haben wir Leute, die ihr Geld in Aktien anlegen und immer reicher werden. Was diese Menschen voneinander unterscheidet, sind Glaubenssätze. Die einen sagen: „Das mit dem Geldverdienen wird bei mir nichts", während die anderen mit Inbrunst in die Welt hinaustönen: „Ich bin ein Geldmagnet. Ich verdiene diesen grenzenlosen Reichtum!"

Wollen Sie ein kleines Spiel mit mir spielen? Es heißt „Auf in den Kampf – gegen negative Glaubenssätze." Ich stelle mich ans Fenster meines Büros, öffne es und rufe mit Freude in der Stimme: „Ich bin ein Geldmagnet. Ich verdiene diesen grenzenlosen Reichtum!" Gut, meine Nachbarn kennen mich und schließen sich womöglich an. Wie das bei Ihnen ist, weiß ich nicht. Probieren Sie es aus! Genießen Sie die befreiende Wirkung! Lassen Sie die Welt wissen, dass Sie ab heute bereit sind, reich zu werden. Das ist von nun an Ihr Mantra: „Ich bin ein Geldmagnet. Ich verdiene diesen grenzenlosen Reichtum!"

Von da an gelingen Ihnen auch die nächsten Schritte.

Spare in der Zeit, dann hast du in der Not

„Wer gut wirtschaften will, sollte nur die Hälfte seiner Einnahmen ausgeben; wenn er reich werden will, sogar nur ein Drittel.“
Francis Bacon (1561–1626), englischer Staatsmann, Jurist und Philosoph

---

Meine Eltern wollten, dass es uns gut geht. Wer will das nicht? Auf dem Weg dorthin wählen wir in der Regel Strategien, die wir von anderen übernommen haben, weil sie bei denen schon geklappt haben. Da mein Vater nicht auf positive Strategien seines Vaters zurückgreifen konnte, schaute er sich in seinem Umfeld danach um.

Was er vorfand, waren hart arbeitende Männer, die es schafften, sich einen kleinen Wohlstand zu erarbeiten. Das bedeutete im Deutschland der Achtzigerjahre: genug Essen auf dem Tisch. Die Kinder dürfen Sport treiben und ein Instrument lernen. Das Haus ist nicht zu klein, aber auch nicht zu groß. Im Auto soll die ganze Familie bequem Platz finden, und ein-, zweimal im Jahr muss ein Urlaub drin sein.

Bei mir als Zahlenmensch beginnt nun der interne Taschenrechner zu rattern. Flugs kalkuliere ich die Kosten eines Vierpersonenhaushalts mit schulpflichtigen Kindern, einem Haus, dem größeren Auto und dem, was noch so alles anfällt in dieser kleinen Wohlstandsrechnung. Dann überschlage ich, was mein Vater pro Monat verdiente. Was, glauben Sie, bleibt übrig? Sie haben recht: nicht viel.

Diese Rechnung ist keine Rechnung von gestern. Die mache ich heute mit meinen Seminarteilnehmern. Ich fordere sie auf, ehrlich mit sich zu sein. Was bleibt vom Einkommen übrig, wenn Miete oder Hypothek bezahlt sind? Dazu das Haushaltsgeld, das Auto, die Beiträge für Steuern und Versicherungen, eventuelle Kredite und Unterhaltszahlungen, das Telefon, der Urlaub? Was unterm Strich rauskommt, sollte jeder auf Anhieb wissen, was meist nicht der Fall ist. Allerorts sehe ich in betretene Gesichter.

Viele Menschen leben in prekären Verhältnissen, was nichts anderes heißt als: Passieren darf nichts, weil sonst finanziell die Luft ausgeht. Leider kümmert sich das Leben nicht um diesen frommen Wunsch und beschert allerhand unliebsame Überraschungen, die meist eine Stange Geld kosten. Dabei sind die drei Schritte zum Reichtum, die uns davor bewahren, von ungeahnten finanziellen Ereignissen überrumpelt zu werden, ganz einfach. Natürlich müssen wir alle Geld verdienen, das ist Schritt 1. In Schritt 2 geht es darum, unser Geld zu budgetieren. Dazu empfehle ich mein Kontenmodell, über das wir später im Buch detailliert sprechen werden. Dabei geht es um die richtige Aufteilung des Kapitals, das uns zur Verfügung steht. Schritt 3 wiederum ist der Lernprozess, wie wir unser Geld richtig investieren.

Nun ist noch kein Meister vom Himmel gefallen, das war auch bei uns nicht anders. Mein Vater hat in die Hände gespuckt und sich im Laufe der Zeit ein Bauunternehmen mit vierzig Leuten erarbeitet. Das muss man erst mal hinkriegen, wenn man als Maurer bei null anfängt. Als er 45 Jahre alt war, wachte er eines Tages auf und bekam keine Luft mehr. Die unliebsame Überraschung klopfte mit Macht an die Tür.

Es passierte ausgerechnet an Heiligabend, den wir bei meiner Oma verbrachten, die am selben Tag Geburtstag feierte. Meine Mutter ist Apothekenhelferin, ein ausgemachtes Glück.

Sie fragte ihren Mann erst gar nicht: „Meinst du, ich soll den Rettungswagen rufen?", weil die Antwort ein entschiedenes „Nein!" gewesen wäre. Sie wusste, was die Stunde geschlagen hatte und wählte die 112. Durch ihr entschlossenes Handeln rettete sie meinem Vater das Leben.

Das nächste halbe Jahr lag er im Krankenhaus. Schrumpfniere hieß die Diagnose. Dann sagten die Ärzte: „So leid es uns tut, Sie müssen zur Dialyse."

Können Sie sich vorstellen, was in so einem Moment mit einem Betrieb passiert, in dem alles vom Chef abhängt? Weil es der Chef ist, der die Aufträge herankarrt und dafür sorgt, dass sie pünktlich und gut erledigt werden. Weil es der Chef ist, der den Wareneinkauf, die Buchhaltung und die Kundenpflege erledigt, eben diesen ganzen Rattenschwanz, der zur selbstständigen Tätigkeit dazugehört.

Ich erinnere mich, dass mein Vater tüchtige Mitarbeiter eingestellt hatte und daher nicht die Mäuse auf dem Tisch tanzten, als er nicht mehr ins Geschäft kam. Das Problem lag woanders: In einer Branche, in der der Chef im Mittelpunkt steht und die anderen ihm zuarbeiten, ist er nicht zu ersetzen. Auch nicht durch mich. Ich war vierzehn Jahre alt, als die Sache passierte, und noch nicht reif, das Geschäft zu übernehmen.

So geschah, was geschehen musste: Der private Finanzhaushalt meiner Eltern war auf Kante genäht, wie das bei Millionen Menschen in Deutschland der Fall ist. Als die Einnahmen wegbrachen, brauchte man kein Finanzgenie zu sein, um die herben Folgen abzusehen. Wir hatten genau das nicht getan, was ich heute meinen Seminarteilnehmern von Grund auf beibringe: Wir hatten zwar gutes Geld verdient, dessen Aufteilung und die Rücklagen jedoch falsch kalkuliert. Nun blieb meinen Eltern nichts anderes übrig, als vieles von dem abzustoßen, was sie über die Jahre hinweg lieb gewonnen hatten. Zum Glück besaßen sie Werte, die sie veräußern konnten.

Vielleicht gibt Ihnen das eine Idee, weshalb mir zum Mantra von vorhin ein weiteres in den Sinn kommt: „Nur Dinge von Wert sind es wert, von Ihnen besessen zu werden."

Das Warum liegt klar auf der Hand: Auf wertlosen Sachen bleiben Sie im Notfall sitzen. Wertvolle können Sie verkaufen. Kein Wunder, dass ich das seit dieser Zeit so halte, im Kleinen wie im Großen.

Selbst als ich die ersten Millionen auf dem Konto hatte, fuhr ich immer noch ein bescheidenes Auto. Das ist auch eine Sache, über die wir sprechen sollten: Die meisten Menschen besitzen, verführt durch die Werbung, ein viel zu großes Auto. Ein großes Auto bedeutet hohe Nebenkosten, die von den Besitzern meist nicht überschaut werden. Daher ging ich selbst in Sachen Auto bedacht vor. Als ich so weit war, mir ein Traumauto leisten zu können, konnte ich den Preis dafür bar auf den Tisch legen.

Herr Müller zahlt auch deshalb am liebsten in bar, weil Mantra Nummer drei lautet: „Vermeide Konsumkredite!" Und zwar mit derselben Vehemenz wie der Teufel das Weihwasser. Kaufen Sie sich erst dann etwas, wenn Sie das Geld dafür haben. In der Coronakrise konnten mehrere Hunderttausend Bankkunden ihre Konsumkredite nicht mehr bedienen. Allein siebzigtausend Privatkunden von Deutscher Bank und Postbank mussten die Aussetzung von Tilgung und Zinszahlungen beantragen.

Ich wünschte mir damals einen Jaguar F-Type. Trotzdem sprach ich Abend für Abend mit meiner Frau darüber, ob dieses Auto überhaupt sein musste. Der Wagen sollte 129 000 Euro kosten, die monatliche Leasingrate lag bei 1200 Euro brutto. Es war für mich wichtig herauszufinden, ob der Jaguar ein rein materieller Wunsch war oder ob er einen Wert darstellte.

Viele Menschen drehen durch, sobald sie zu Geld kommen. Leute wie Warren Buffett, einer der reichsten Menschen auf der Welt und ein wichtiges Vorbild für mich, blieb trotz seines Erfolges grundbescheiden. Er wohnt noch heute im Haus seiner Kindheit. Erst als ich mir ausgerechnet hatte, dass ich den üblichen Wertverlust des Wagens ausgleichen kann, machte ich den Handel klar. So ist es auch mit meinem aktuellen Auto. Es ist ein Porsche mit Saugmotor, der in dieser Bauweise in Zuffenhausen nicht mehr vom Band läuft. Wenn ich den unter Fans als echter 911 bekannte Sportwagen wiederverkaufe, wird sein Wert gestiegen sein. Selbst bei Legospielzeug achte ich darauf. Es macht mir Freude, zusammen mit meinen Jungs Lego-Automodelle zusammenzubauen. Dabei wähle ich immer Sammlerstücke, die ihren Wert erhalten oder sogar steigern. Weil ich immer zwei Modelle davon kaufe, landet eines als Investment originalverpackt auf dem Dachboden.

Halten Sie das für übertrieben? Ich nicht. Wenn Sie reich werden wollen, rate ich Ihnen zu einer ähnlichen Denkweise. Als meinen Eltern die Mittel knapp wurden, erlebte ich schmerzhaft, wie verdammt hart das Leben sein kann. Es war eine gute Lektion. Wie der amerikanische Erfolgscoach Anthony Robbins in seinem Bestseller „Das Robbins Power Prinzip" nachweist, folgt alles, was wir tun, dem Urbedürfnis, Schmerzen zu vermeiden und Freude zu gewinnen. Ich kann Ihnen versichern, wenn Ihrer Mutter die Tränen kommen, weil Liebgewonnenes für immer verloren geht, fühlt sich das an wie eine Wurzelbehandlung ohne Betäubung. Wer das erlebt hat, tut alles, damit es nicht noch einmal geschieht.

Vielleicht trieb das auch meinen Vater zu Leistungen an, vor denen ich mich heute tief verneige. Kaum war er aus dem Krankenhaus heraus, tat er alles in seiner Macht Stehende, um den wirtschaftlichen Schaden wiedergutzumachen. Schrieb ich: „Kaum war er aus dem Krankenhaus heraus …"? Das ist nur die halbe Wahrheit, denn als Dialysepatient kehrte er regelmäßig dorthin zurück.

Während ich darüber schreibe, gibt es laut dem Verband Deutsche Nierenzentren fünfzigtausend Dialysepatienten in Deutschland, andere Quellen nennen sogar eine doppelt so hohe Zahl. Egal wie viele es sind: Die Blutreinigung ist trotz lobenswerter Fortschritte eine Prozedur, die den Betroffenen viel abverlangt. Ärzte empfehlen daher, nach der Dialyse die Dinge ruhig angehen zu lassen.

Diesen Ratschlag schlug mein Vater in den Wind. Kaum war er von der Apparatur befreit, machte er sich auf den Weg zur nächsten Baustelle. Ich sah ihm an, wie sehr er litt, aber ich sah ihm auch an, wie entschlossen er war, trotz seiner Krankheit niemals klein beizugeben.

Wenn ich heute sage, dass mein Vater zu meinen größten Vorbildern zählt, rührt das auch aus dieser Zeit. Dreimal wurde ihm eine Niere transplantiert, dreimal stieß sein Körper sie wieder ab, während er trotzdem eine Achtzig- bis Hundertstundenwoche stemmte. Immer wieder, wenn bei uns über eine Arbeitszeitverkürzung diskutiert wird, rufe ich mir die Leistung meines Vaters ins Gedächtnis. Zwar bin ich mir bewusst darüber, dass ich mir meinen Reichtum selbst erwirtschaftet habe, ich weiß aber auch, dass meine Eltern durch ihre Arbeit die Basis dafür schufen. Deshalb steht für mich fest, dass ich meinen Kindern eine solide Startrampe für ihre Zukunft bauen werde. Ist das nicht ein schönes Bild? So etwas fällt einem ein, wenn man Maurer gelernt hat.

Haben Sie schon einmal von William Clement Stone gehört? Der Unternehmer und Philanthrop prägte eines meiner Lieblingszitate: „Ein Mensch, der nicht sparen kann, hat es nicht verdient, vernünftig und intelligent genannt zu werden!“ Eine Breitseite, die sitzt. Wenn ich sie auf meinen Seminaren zitiere, vernehme ich unter den Zuhörern dieses bestimmte Geräusch, das entsteht, wenn scharf Luft eingesogen wird. Das ist sie, die berühmte Schnappatmung. Die Menschen kommen zu mir, um zu erfahren, wie sie reich werden – und als Erstes impfe ich ihnen ein, dass sie sparen sollen. Passt das zusammen?

Und wie das zusammenpasst! Weil das eine ohne das andere nicht klappt. Ja, ich weiß, was ich von den Menschen erwarte, an die ich diese Worte richte: viel, sehr viel sogar. Schließlich leben wir in einer ausgeprägten Konsumwelt. Pro Tag prasseln über zehntausend Werbebotschaften auf uns ein. Sie arbeiten alle mit einem Versprechen, dass jemandem wie mir, der Zahlen liebt, die Zornesröte ins Gesicht treiben kann. Das Versprechen lautet: „Kauf mich jetzt (das Auto, den Fernseher, das Wochenendangebot vom Supermarkt) und spare dabei!“ Es ist ein falsches Versprechen. Niemand hat jemals auch nur einen Cent gespart, wenn er sich etwas gekauft hat. Beim Kaufvorgang geben wir zwangsläufig Geld aus. Danach ist es weg, selbst wenn wir einen schönen Rabatt kriegen.

Natürlich geht es nicht ohne das Geldausgeben. Die Rechnung haben wir schon aufgemacht: Hauskosten, Miete, die tägliche Versorgung – das nennen wir Fixkosten, weil wir sie nicht einfach abschaffen können. Die Liste der Fixkosten ist in unserer westlichen Gesellschaft schon lang genug. Dazu kommen die variablen Kosten, die manchmal anfallen und manchmal nicht. Hier haben wir Entscheidungsfreiheit. Brauchen wir die Kreuzfahrt, ja oder nein? Das neue Notebook ist schick ... doch tut es das alte nicht auch noch? Unter absolutem Bann stehen variable Kosten, die wir nur durch einen Konsumkredit begleichen können. Dazu zählen alle Anschaffungen, für die unser Bargeld nicht ausreicht.

Sie stellen fest: Ich vertrete eine Meinung, die sich von der Meinung der Kreditwirtschaft fundamental unterscheidet. Sagen die Leute: „Momentan kostet mich ein Kredit so gut wie nichts", empfehle ich einen Griff zum Taschenrechner. Schnell stellt sich heraus, dass „so gut wie nichts" noch immer ein Sümmchen ist, das, eingebettet in die monatlichen Fixkosten, für Kopfweh sorgen kann.

Die USA sind führend, was die Verschuldung der Menschen durch Konsumkredite angeht. Doch wir holen schnell auf. Der SchuldnerAtlas der Creditreform Wirtschaftsforschung spricht von momentan sieben Millionen Menschen in Deutschland, die aufgrund ihrer Verbraucherkredite überschuldet sind.

Wozu ich Ihnen rate: Geben Sie nur Geld aus, das Sie haben – und dann investieren Sie am besten in sich selbst. Das ist der Weg, den ich gegangen bin. Ich habe über eine halbe Million Euro in mich investiert: In Zusatzausbildungen, Seminare und Workshops. War es die Ausgaben wert? Die Antwort ist ein klares Ja. Selbst wenn ich ein Seminar besuchte, das mich schmerzlich an meine Schulzeit erinnerte, weil es so spannend war, wie Farbe an der Wand beim Trocknen zuzusehen, holte ich etwas heraus.

Es ist, als ob Sie vor einem Büfett stehen. Sie picken sich hier etwas raus und dort etwas. Sie essen nur, was Ihnen schmeckt, Sie futtern sich nicht durch das ganze Büfett. Ähnlich funktioniert es auch, wenn Sie den Entschluss fassen, in sich selbst zu investieren. Sie suchen sich Seminare aus, die Sie interessieren, und picken sich die wichtigsten Informationen heraus. Nur die essen Sie – was in diesem Fall bedeutet, diese setzen Sie auch um.

Das ist Mantra Nummer vier: „Einen Input aufzunehmen ist der erste Teil der Lösung. Ihn in die Tat umzusetzen der zweite Teil." Mit anderen Worten: Das eine ist die Theorie, das andere die Praxis. Erst wenn wir tätig werden, erfüllen wir alle Voraussetzungen, die Dinge zum Besseren zu wenden.

Ich habe aus jedem der über 150 Seminare, Workshops und Lehrveranstaltungen, die ich im Laufe meines Lebens besucht habe, wenigstens ein oder zwei Inputs bekommen, die ich in die Tat umsetzte. Aus unzähligen Büchern, die ich gleichzeitig las, holte ich noch mal so viel heraus. Auch Lesen zählt zur Investition in sich selbst.

Wenn Sie diesen Weg einschlagen, erübrigt sich schnell die Frage, ob Sie sich einen neuen Fernseher anschaffen sollen. Sie werden darauf verzichten, weil sie keine Zeit mehr für die Glotze haben. Statt sich berieseln zu lassen, sorgen Sie aktiv für Ihr besseres Leben.

Schockt Sie meine ehrliche Offenheit? Als ich begann, in mich selbst zu investieren, besuchte ich ein Seminar, in dem es konkret darum ging, in achtzehn Monaten mehr zu schaffen als andere in zehn Jahren.

„Klasse", dachte ich, „genau das Richtige für mich." Weil ich ungeduldig war, was mein Weiterkommen anging. Im Seminar ging es ans Eingemachte. Ähnlich wie bei der Kostenrechnung, die wir vor wenigen Seiten vorgenommen haben, sollten wir ehrlich sein und aufschreiben, wo wir unsere Zeit verplemperten. Ich war erschüttert über mein Ergebnis.

Natürlich brachte ich aus diesem Seminar den Impuls mit nach Hause, nicht mehr verschwenderisch mit meiner Zeit umzugehen. Positiv wirksam wurde das erst, als ich den Vorsatz in die Tat umsetzte. Und wie macht man das? Frage ich in meinen Seminaren: „Wem von Ihnen fehlt die Zeit zum Lesen?", melden sich jede Menge Leute. Dabei ist Lesen von Büchern wie dem, das Sie gerade in den Händen halten, oder anderen, die Ihnen auf dem Weg nach oben Hilfestellung leisten, eine der kostengünstigsten Möglichkeiten, in sich selbst zu investieren, weil Sie in einem Buch das Konzentrat der Erfahrungen eines in seinem Spezialgebiet erfahrenen Menschen finden.

Wie finden wir die Zeit zum Lesen, falls wir zu denen gehören, die die Hände gehoben haben?

„Morgen", sage ich, „stellen Sie den Wecker auf eine Minute früher. Dann lesen Sie eine Minute. Tags darauf stellen Sie den Wecker auf zwei Minuten früher. Dann lesen Sie zwei Minuten. Damit fahren Sie fort."

Dieser Ratschlag ist an diejenigen gerichtet, die von sich behaupten, keine Zeit zu haben. Die dürfen einfach ein bisschen früher aufstehen. Was übrigens alle erfolgreichen Menschen tun, die ich kenne.

Kein Wunder, dass ich mich über eine Anekdote freute, die Arnold Schwarzenegger, ein überzeugter Frühaufsteher, in seinen Lebenserinnerungen über eine Privataudienz bei Johannes Paul II schrieb. Er sprach mit dem Papst darüber, wie wichtig Fitness sei. Darauf erzählte der Heilige Vater, dass er jeden Morgen um halb fünf Uhr aufstand, zweihundert Liegestütz und dreihundert Sit-ups machte, um anschließend die wichtigsten Zeitungen in sechs Sprachen zu lesen, und zwar vor dem Frühstück.

„Er war 27 Jahre älter als ich", schloss Arnold seinen Bericht mit dem richtigen Entschluss: Wenn dieser Mann das schafft, sollte ich noch früher aufstehen.

Mein Vater gab mir dazu einen tollen Tipp mit auf den Weg. Auf der Baustelle sagte er: „Weißt du, Ulli, was du am Vormittag nicht schaffst, holst du am Nachmittag nicht mehr auf."

Bei dem Seminar, in dem es darum ging, in kürzerer Zeit mehr hinzukriegen, stellte ich fest, dass ich oft abgelenkt war. Sie kennen das Prinzip buddhistischer Mönche: „Wenn ich stehe, dann stehe ich, wenn ich gehe, dann gehe ich, wenn ich sitze, dann sitze ich, wenn ich esse, dann esse ich.“ Bei mir ging es weniger darum, dass ich mich nicht auf die Tätigkeit, der ich nachging, konzentrierte – darin war ich ziemlich gut –, sondern dass ich mich dabei mit Informationen zumüllte, die nicht nützlich waren.

Als Mann der Tat reagierte ich sofort. Ich bestellte ein gutes Dutzend Newsletter ab, verabschiedete mich von zahlreichen Abos und sorgte obendrein dafür, dass schlechte Nachrichten nicht mehr so leicht zu mir durchdrangen. Was ein weiterer guter Grund war, den Fernseher auszulassen. Außerdem stellte ich mir die Frage, welche Ablenkungen es noch gab, die mich davon abhalten konnten, mein Ziel zu erreichen. Was immer ich fand – und es war einiges – strich ich aus meinem Leben.

Mein Vater wollte etwas erschaffen, und das ist ihm gelungen. Mir geht es auch so. Und Ihnen wahrscheinlich ebenfalls, sonst würden Sie nicht dieses Buch lesen. Was immer es ist, das wir in unserem Leben erschaffen wollen: Wir dürfen auf die guten Erfahrungen bauen, die unsere Vorbilder gemacht haben.

So wie diese: Eines Tages kam eine Mutter mit ihrem Sohn zu Mahatma Gandhi. Sie klagte, ihr Sohn würde zu viel Süßes essen, ob der große Gandhi ihn nicht davon abbringen könne?

Gandhi hörte sich die Klage an, dann sprach er: „Kommt in drei Monaten wieder.“

Das tat die Mutter. Da nahm Gandhi den Jungen beiseite und sprach ein paar Worte mit ihm. Der Junge nickte, kehrte zu seiner Mutter zurück und verkündete, dass er von nun an die Finger von Süßigkeiten lassen würde. Das war zwar das, was sich die Mutter gewünscht hatte, doch war sie erstaunt darüber, warum der Meister für die wenigen Worte drei Monate Zeit gebraucht hatte.

„Das hat seinen Grund“, sagte Gandhi. „Ich musste erst selbst ausprobieren, wie es ist, ohne Süßigkeiten zu leben. Andernfalls hätte ich keinen Rat geben können.“

Wenn Sie in Ihrem Leben noch keine Vorbilder haben, sollten Sie sich jetzt welche zulegen. Für mich waren sie immer wegweisend. Ein großes Vorbild war mein Vater.

Zu einem Mentor wurde der Erfolgscoach Jürgen Höller. Anthony Robbins, ein Coach aus Amerika, wurde ebenfalls wichtig. Er beschäftigt sich mit dem Thema Mindset. Damit ist der Rahmen gemeint, in dem wir denken. Schaffen wir es, diesen Rahmen zu vergrößern, wachsen unsere Taten, weil Wachstum zu jeder Zeit passiert. Allerdings – auch da war mir Robbins ein guter Coach – geschieht das außerhalb unserer Komfortzone.

Von Robbins lernte ich, wer mich und mein Unterbewusstsein den lieben langen Tag über programmiert und Wachstum verhindert: Es ist die mediale Welt, die uns unter einer Lawine negativer Nachrichten begräbt. Robbins stellte die entscheidende Frage, wann ich beginnen wolle, mich auf das zu programmieren, was ich wirklich möchte. Die Antwort konnte nur lauten: „Jetzt, in diesem Augenblick!"

Der Impuls

„Ein erhöhter Puls und Selbsttäuschung sind die beiden wichtigsten Ursachen für Fehler.“
Warren Buffett, Investor

Als ich sechzehn Jahre alt war, steckte das Internet noch in den Kinderschuhen. Es machte nur ein Prozent der Informationsflüsse aller Telekommunikationsnetze auf der Welt aus. Einige Zeit später, zur Jahrtausendwende, waren es schon mehr als fünfzig Prozent. Das erzähle ich Ihnen, weil ich nicht zur Generation gehöre, die vollständig in der digitalen Welt aufgewachsen ist. Ich bin froh darüber. Auch wenn der Computer zu meinem wichtigsten Arbeitsgerät wurde und wir ohne Internet die Demokratisierung der Aktienmärkte – das Stichwort heißt: Jeder Mensch hat von überall aus Zugriff – nicht erlebt hätten, gefällt mir die Vorstellung, dass ich die analoge Welt der Recherche noch kennenlernte.

Da war ich also: ein Halbwüchsiger von sechzehn Jahren mit den üblichen Flausen im Kopf. Ich hatte meine Maurerlehre begonnen und gab dabei ordentlich Gas. Meist erschien ich morgens als Erster auf der Baustelle und schuftete bis zum Abend. Dann hastete ich ins Training. Mittlerweile konnten sich meine Handballtrainer vorstellen, dass ich es in den Kader eines der Profivereine in unserer Region schaffen könnte, wenn ich alles raushaute, was in mir steckte. Also tat ich das.

In dieser Zeit verbrauchte ich achttausend Kalorien am Tag – ich erinnere mich an Mittage, an denen ich auf einen Schlag ein ganzes Schwarzbrot verzehrte. Auch Tischtennis und Tennis hatte ich noch nicht abgehakt. Dazu fieberte ich als Fan mit dem HSV mit. Damals standen mit Thomas von Heesen, Richard Golz und Markus Babbel Spieler im Team, zu denen ich aufsehen konnte.

Alles in allem war ich zufrieden mit der Welt – und doch gab es eine Sache, die mich mehr umtrieb als die Frage, ob der HSV jemals wieder eine Deutsche Meisterschaft mit nach Hause bringen würde. Was mich von Tag zu Tag mehr interessierte, war: „Wie wird man reich?"

Im Rückblick lässt sich nicht genau festlegen, ab wann sich diese Frage in meine Gedanken einnistete. Allerdings erinnere ich mich noch gut, wie begeistert ich damals lernte – sofern mir der Lehrstoff nicht in der Schule hingepäppelt wurde.

Wenn Sie Kinder haben, wissen Sie, was ich meine: Kaum interessiert sich Ihr Kind für Dinosaurier, will es alles darüber erfahren. Ist es das Wetter, darf keine Frage übers Wetter unbeantwortet bleiben. Sind es die höchsten Türme der Welt, kommen tausend Fragen dazu.

All diese Dinge wollte ich in meiner Kindheit auch wissen. Und nun war es: Wie werde ich reich? Doch was wusste ich von finanzieller Freiheit? Natürlich nichts. Was wusste ich von reichen Menschen? Ebenfalls nichts.

Und so fing ich mit Nichts an. Damals konnte man nicht googeln, ansonsten hätte es für mich Antworten in Echtzeit gegeben. Wie so oft war der Weg das Ziel. Ich machte mich auf den Weg, um so viel wie möglich über reiche Menschen herauszufinden, und nutzte dabei Bücher, Zeitschriften, Zeitungen und die Vorläufer des heutigen Internets. Ständig stieß ich auf die immer gleichen Namen: Warren Buffett war darunter. Bill Gates ebenfalls. 1993, als ich mit der Recherche begann, verdrängte der Microsoft-Gründer gerade Buffett vom Spitzenplatz der reichsten Männer der Welt.

Während ich das schreibe, werfe ich eben einen Blick auf die aktuelle Forbes-Liste: Siehe da, Bill Gates ist noch immer in den Top Ten gelistet, momentan auf Rang zwei. Einige Plätze dahinter taucht Warren Buffett auf, der heute wie damals die Berkshire Hathaway Holdinggesellschaft leitet. Auf Platz zehn steht übrigens Larry Page, Mitgründer von Google. Steve Ballmer, Besitzer des NBA-Clubs Los Angeles Clippers, finde ich auf Platz neun. Der Vorstandsvorsitzende von Tesla und Gründer und CEO des Raumfahrtunternehmen SpaceX, Elon Musk, sowie Oracle-Gründer Larry Ellison teilen sich Platz sieben. Dann folgen Warren Buffett und Mukesh Ambani, Vorstandsvorsitzender der Petrochemiefirma Reliance Industries. Platz vier gebührt Facebook-Gründer Mark Zuckerberg, Platz drei nimmt der einzige Europäer im Ranking ein, Bernard Arnault, Aktionär des Luxuskonzerns Moët Hennessy – Louis Vuitton. Platz zwei: Bill Gates.

Der Mann mit dem weltweit größten Vermögen – zumindest in dem Moment, während dem ich mir diese Hitparade der Superreichen anschaue – ist Jeff Bezos. Der Gründer von Amazon besaß im Juli des Jahres 2020 183,6 Milliarden Dollar. Zu der Zeit, als ich mühsam die Namen der Reichen meiner Jugend zusammentrug, war Jeff Bezos erst dabei, sein Unternehmen zu gründen. Wer die Amazon-Story kennt, weiß, dass sein Erfolg nicht von selbst kam. Die Margen im Onlinegeschäft sind schließlich nicht üppig. Es waren beinharte Arbeit und mutige Entscheidungen, die Bezos an die Spitze trugen.

Bei den anderen Reichen in den Top 10 verlief die Geschichte ähnlich. Mit Ausnahme von Mukesh Ambani ist keiner mit dem goldenen Löffel im Mund aufgewachsen. Meist stand ein solides Elternhaus im Hintergrund, das gewisse Werte vermittelte und dafür sorgte, dass der Junge Ingenieur, Betriebswirtschaftler oder Informatiker werden konnte.

Ähnlich halte ich es auch. Mir geht es darum, meinen Kindern zu ermöglichen, das zu tun, was sie lieben. Eine gute Schulbildung gehört dazu, weil sie heute noch nicht wissen, was sie werden möchten. Es ist schade, wenn ein fehlender Numerus clausus das Traumstudium verwehrt.

Ach ja, noch ein Wort zum Thema Jungs – auch in diesem Jahr findet sich keine Frau in der Top Ten der Superreichen. Noch so eine Sache, die ich ändern möchte.

Nachdem ich herausgefunden hatte, wer die reichen Leute auf unserem Planeten waren, wollte ich auch wissen, wie sie es geworden waren. Das zu recherchieren erwies sich als noch schwieriger, doch ich blieb am Ball.

Bill Gates schien ein besonders interessanter Fall zu sein. Als Junge hatte er sich für Dinge begeistert, von denen andere sagten, lass es sein, das bringt nichts. Ich hatte mit ihm gemein, dass auch er sich in der Schule furchtbar gelangweilt hatte. Sein Glück kam, als ihn seine Eltern in eine Privatschule steckten, in der gerade ein Computerclub gegründet wurde.

Das war im Jahr 1968, als Computer noch eine Randerscheinung waren. Zu dieser Zeit reisten die Beatles ins indische Rishikesh, um mit Guru Maharishi Mahesh Yogi zu meditieren. So etwas bewegte die Menschheit. In Amerika gab es Proteste gegen den Vietnamkrieg, die schwarze Bürgerrechtsbewegung von Martin Luther King beherrschte die Schlagzeilen. Niemand – oder sagen wir: fast niemand – interessierte sich für Computer.

Doch die Mutter von Bill Gates finanzierte zusammen mit anderen Müttern den Computer, den der Club brauchte. Kaum hatte sie das getan, verbrachte ihr Sohn jede freie Minute davor. Nach der Schule lungerte er am Computerzentrum der University of Washington herum. Daneben begann er, nachts im Büro eines Unternehmens namens C-Cubed Programme zu schreiben.

1971 kam der sechzehnjährige Bill, wie ein findiger Journalist herausfand, bereits auf eine Rechenzeit von 1575 Stunden. Das sind rund acht Stunden pro Tag, sieben Tage die Woche. Das nennt man Durchhaltevermögen. Bill stand mitten in der Nacht auf und nahm den Bus zur Universität, weil er dort zwischen drei und sechs Uhr morgens den Computer nutzen durfte. Das nennt man Besessenheit.

Als er nach zwei Jahren Studium in Harvard den Bettel hinwarf, um sein eigenes Softwareunternehmen zu gründen, hatte er mehr als zehntausend Stunden Erfahrung in der Programmierung. Er selbst sagte später in einem Interview: „Ich hatte damals vermutlich mehr Erfahrung in der Softwareentwicklung als irgendjemand sonst in meinem Alter."

Sie können sich vorstellen, welche Wirkung solche Botschaften auf mich hatten. Die Schlussfolgerung, die sich aus ihnen ergab, lag auf der Hand: Wenn man für etwas brennt, gibt es nichts, was einen zurückhalten kann. Denn es ist ja keine Arbeit, es ist das pure Vergnügen.

Daran hat sich bei mir nichts geändert. Blicke ich heute auf die dreißigtausend Stunden zurück, die ich an der Börse verbracht habe, blicke ich auf dreißigtausend Stunden Vergnügen zurück. Dazu kommt die Gewissheit, meinen Seminarteilnehmern die großen und kleinen Geheimnisse dieser besonderen Welt nahebringen zu können. Da kann es nichts Besseres geben.

Weniger vergnüglich war es in meiner Jugend, wenn ich am nächsten Morgen wieder die Baustelle betrat. Dort erledigte ich zwar alle Aufgaben zur allgemeinen Zufriedenheit, und mein Vater, der gleichzeitig mein Lehrherr war, hatte nichts zu meckern, doch wenn ich Armierungseisen einschlug, Decken verschalte, Mauern zog und Beton goss, dachte ich an Leute wie Bill Gates und Warren Buffett.

Mit Warren verhielt es sich ähnlich wie mit Bill Gates. Auch seine Lebensgeschichte zeugt von Entschlossenheit. Sein Vater wurde 1927 Aktienhändler bei der Union State Bank. In diesen Jahren glich der amerikanische Aktienmarkt einer Badewanne, in die jemand zu viel Schaum gelassen hatte. Eine Menge Leute investierten zum ersten Mal in ihrem Leben in Aktien, und es war wie eine große Party, die am 29. Oktober 1929, dem berüchtigten Schwarzen Donnerstag, mit einem Crash zu Ende ging. In wenigen Stunden fiel der Markt um 30 Milliarden Dollar. Der amerikanische Staatshaushalt löste sich in Luft auf. Dazu eine Zahl zum Vergleich: Der gesamte Erste Weltkrieg kostete Amerika 32 Milliarden Dollar. Eine Pleitewelle ohnegleichen rollte über das Land hinweg, die verzweifelten Börsianer sprangen in Scharen aus den Fenstern.

Zehn Monate nach dem Ereignis kam Warren auf die Welt. Was er in seiner Kindheit sah, waren Menschen, die in endlosen Warteschlangen vor Banken standen, um an ihr bedrohtes Geld zu kommen. Sein Vater verlor den Job, doch warf er nicht die Flinte ins Korn. Er gründete die Aktienbroker-Firma Buffet, Sklenicka & Co und machte sich unverdrossen daran, mit Aktien zu handeln.

In dieser Zeit schaffte England, das damals mächtigste Land der Welt, den Goldstandard ab. Damals begrenzte die Menge des Goldes, die eine Regierung besaß, die Menge des umlaufenden Geldes. Aus diesem Grund konnten Regierungen nicht einfach die Druckerpresse anwerfen, um Geld zu drucken und die Inflation anzuheizen. Das taten die Engländer von nun an.

Man kann sich vorstellen, wie sehr dieser Vorgang das Vertrauen zerstörte. Weltweit brachen die Finanzmärkte zusammen. Aktien wurden in Warrens Kindheit, was Computer in Bill Gates' Kindheit waren – kaum jemand wollte sich damit beschäftigen. Nur Warrens Vater ging unbeirrt seinen Weg. Er blieb seinen konservativen Investitionen treu, und seine Firma machte Profit.

Als seien die schlechte Wirtschaftslage und die weltweit politische Instabilität nicht genug, erlebte Warren in den Kindheitstagen die schlimmste Dürre der amerikanischen Geschichte. In seiner Heimat Omaha in Nebraska sowie in anderen Gegenden des Mittleren Westens fielen Millionen Heuschrecken wie biblische Plagen über die Ernte her. Die Schwärme verdunkelten den Himmel, verstopften Motoren und fraßen sogar die Wäsche von der Leine. Die Tollwut brach aus, Kinderlähmung machte die Runde.

Warrens Vater putzte weiter Klinken und war einer der wenigen Männer in seiner Nachbarschaft, die sich ein neues Auto leisten und ein Haus bauen konnten. In dieser bewegten Zeit wünschte sich der kleine Warren nichts sehnlicher als eine Stoppuhr. Das Phänomen der Zeit faszinierte ihn, er wollte sie messen. Dazu begann er, Briefmarken und Münzen zu sammeln, und lernte etwas über Werte. Außerdem konnte er sich damit vergnügen, auszurechnen, wie oft einzelne Buchstaben in der Zeitung vorkamen. Und er spielte Tischtennis – was mir als Tischtenniscrack natürlich gefiel. Für mich fast selbstverständlich war die Tatsache, dass Warren sich in der Schule sehr langweilte. Nur Rechnen war für ihn spannend, und Baseball, ein Spiel, das in Amerika so populär ist wie in Deutschland Fußball. Ein Buch über die Baseballsaison von 1938 lernte er auswendig und nannte es später: „Für mich das kostbarste Buch."

Er begann, auf der Straße Kaugummis, Softdrinks, Zeitungen, Popcorn und gebrauchte Golfbälle zu verkaufen. Wie heute in Wettsalons saßen damals die Männer am Samstagnachmittag in den Büros der Aktienhändler und starrten auf das elektronische Anzeigesystem oder lauschten dem gemächlich vor sich hin klappernden Kursticker. Als Warren bei seinem

Vater die Kurse an Tafeln schreiben durfte, stellte er fest, dass diese eigenen Gesetzmäßigkeiten folgten. Er fasste den Entschluss, mehr über die Regeln herauszufinden.

Ich lernte aus den Biografien von Bill Gates und Warren Buffett, dass noch nie ein Meister vom Himmel gefallen war. Beide liebten Zahlen wie ich. Beide waren fest entschlossen, der Sache, die sie am meisten faszinierte, mit Willen und Ausdauer nachzugehen. „Das ist bei dir nicht anders", sagte ich mir, wenn ich wieder auf der Baustelle stand. Mit jedem Stein, den ich in die Hand nahm, war mir bewusst, dass meine Sache weder Maurer noch Ingenieur war.

Wie sollte ich das meinem Vater beibringen? Er rackerte sich tagein, tagaus ab in der Hoffnung, dass mein Bruder und ich das Geschäft übernehmen würden. Von Tag zu Tag reifte mein Entschluss, dass ich das keineswegs tun wollte. Was für ein Dilemma!

Dann schloss ich zu allem Überfluss meine Lehre als Zweitbester in der Innung ab. „Hier haben wir einen talentierten Maurer", hieß es, als die Auszeichnungen vergeben wurden. Natürlich war mein Vater stolz. Die Pläne, die er für seine Söhne hatte, schienen aufzugehen. Mein Bruder begann ein Jurastudium, ich marschierte zur Universität und schrieb mich zum Ingenieurstudium ein. Ich fühlte mich wie in einer Falle.

Immer wieder ging mir der Satz meines Deutschlehrers auf der Realschule durch den Kopf. „Ulrich", hatte dieser eines Tages gefragt, „was machst du nach der Schule?"

„Das steht schon fest", antwortete ich. „Ich werde Maurer."

Er lachte. „Hör mal", sagte er, „du bist alles, nur kein Maurer." Nun war ich doch einer geworden, sogar mit Auszeichnung, aber wollte ich mit diesem Beruf mein Leben verbringen?

Natürlich wusste mein Vater, dass ich mich mit dem Thema Vermögensaufbau beschäftigte, damit hielt ich ja nicht hinterm Berg. Bei uns in der Familie ging es immer offen zu, keiner brauchte etwas zu verheimlichen. Deshalb wusste auch meine Mutter Bescheid. Einmal erinnerte sie mich daran, wie ich als kleiner Junge auf ihre Frage, was ich werden will, geantwortet hatte: „Mama, ich werde Bank. Dann kannst du, wenn du alt bist und Rente brauchst, zu mir kommen, und ich zahle."

Wie bei einer sich selbst erfüllenden Prophezeiung habe ich das später auch getan. Das, woran wir glauben, wird geschehen – daher ist es umso wichtiger, auf unsere Gedanken zu achten. Im Gegensatz zu uns schläft das Universum nie.

Meine Kinderweisheit sorgte damals für Gelächter. „Bank", also Bankkaufmann wollte ich dann doch nicht werden, und das aus gutem Grund. Noch heute sage ich auf allen Seminaren, Banker können Bank. Aber können sie auch Geld? Damit meine ich, dass viele Bankangestellte, die sich mit Anlagestrategien beschäftigen, fast ausschließlich die von ihrem Arbeitgeber bereitgestellten Produkte verkaufen dürfen. Dazu kommt, dass ein Banker mit durchschnittlichem Gehalt nicht wissen kann, wie Vermögensaufbau und Reichtum funktioniert, zumindest nicht in Kategorien, wie ich es tue.

Doch wer traut sich, seinem Bankberater zu sagen: „Zeigen Sie mir mal Ihren Kontoauszug", um dann, wenn dort keine Million zu finden ist, aufzustehen und zur Tür hinauszuspazieren? Und wie sehr kommt es im Anlagegeschäft auf die Erfahrung an? Sie ist das A und O des Anlagegeschäfts, und wo soll ein junger Bankkaufmann sie hernehmen?

Stellen Sie sich die Frage: Wenn Sie Pilot werden wollen und Sie haben einen jungen und einen erfahrenen Fluglehrer zur Auswahl – welchen der beiden werden Sie wählen? Als André Kostolany seinen achtzigsten Geburtstag feierte, sagte er in einem Interview: „Mein Handwerkszeug ist Erfahrung,

Erfahrung und nochmals Erfahrung. Ich würde meine achtzigjährige Erfahrung nicht gegen mein Körpergewicht in Gold eintauschen."

Vieles von dem wurde mir deutlich, als ich während meiner Lehrzeit als Maurer die ersten Aktien kaufte. Mit dem Fahrrad fuhr ich zur örtlichen Sparkasse, um ein Depot zu eröffnen. Ich erinnere mich an den Papierkram mit dem vielen Kleingedruckten, das ich unterzeichnen sollte. Ich tat es gerne, schließlich wollte ich loslegen. Und loslegen hieß in jenen Tagen: Jedes Mal, wenn ich Aktien kaufen oder verkaufen wollte, stieg ich erneut aufs Fahrrad, um den Handel vor Ort in der Bankfiliale zu tätigen.

Was jubelte ich über den Fortschritt, als dort eines Tages Telefonbanking eingeführt wurde! Da hatte ich bereits ein paar Erfahrungen gesammelt. Ich hatte einen erstklassigen Börsenbrief abonniert und las mich durch Dutzende Fachbücher. Zu dieser Zeit probierte ich vieles aus: Aktien, Wertpapierkredite ... Ich beging sogar die größte Sünde, die ein Anleger begehen kann: Wenn ich kein Geld hatte und unbedingt etwas kaufen wollte, lieh ich mir welches. Sagen wir es so: Ich fiel damals ein paar Mal auf die Nase, damit Sie es heute nicht mehr müssen.

Vielleicht hätte ich mir nicht so viele Sorgen darum zu machen brauchen, wie ich meinem Vater beibringen konnte, dass ich einen eigenen Weg gehen wollte? Schließlich wussten meine Eltern von meinen Ambitionen und unterstützten mich. Ich las noch mehr Bücher und war wissbegieriger denn je, wo und bei wem ich Neues lernen konnte. Immer wieder stieß ich auf den Namen des Motivationstrainers Jürgen Höller. Er war einige Jahre älter als ich, hatte sich als Neunzehnjähriger selbstständig gemacht, war dem Sport verbunden und beschäftigte sich mit positivem Denken, Mentaltraining, Hypnose und NLP. Diese Mischung sagte mir zu.

Die Neuro-Linguistische Programmierung, kurz NLP, hilft Menschen, sich in allen denkbaren Lebensbereichen weiterzuentwickeln. Auf dem Papier funktioniert das einfach: Nehmen wir an, etwas geht schief. Ist das nun schlecht, oder gibt es die Möglichkeit, einen positiven Aspekt darin zu finden? Indem man sich zum Beispiel fragt: „Warum kann diese Situation für mich trotzdem gut sein?" Oder auch: „Wie mache ich das Beste daraus?"

Es geht in der NLP also darum, positive Selbstreflexion zu fördern. Richard Bandler und John Grinder, die in den 1970er Jahren NLP entwickelten, beschäftigten sich damit, weshalb manche Psychotherapeuten beim Behandeln ihrer Klienten mehr Erfolg hatten als andere. Jürgen Höller gehörte zu den ersten Trainern hierzulande, die sich mit dem Prinzip auseinandersetzten. Wie gesagt, auf dem Papier ist NLP leicht, doch es gehört schon einiges dazu, negative in positive Glaubenssätze zu ändern. Dafür hatte Jürgen Höller einen Workshop entwickelt, der Power-Days genannt wurde. Für mich klang das nach zwei Tagen voller Abenteuer. Noch dachte ich nicht weiter darüber nach, ob das alles etwas mit meinem Leben zu tun haben könnte. Ich hatte einfach Lust darauf. Erst später fügten sich die Puzzleteile zu einem Bild zusammen.

Als ich mit meinen Eltern über die Power-Days sprach, sagte mein Vater: „Weißt du was? Wir fahren alle hin. Du, dein Bruder, deine Mutter und ich."

Eine größere Freude hätte er mir nicht machen können. Nicht nur, weil er die Kosten übernahm, sondern auch weil ich als Familienmensch immer am liebsten alle mit im Boot habe. Ich hatte Hochachtung davor, dass mein Vater seine wertvolle Zeit opfern wollte. Normalerweise saß er an den

Wochenenden am Schreibtisch. Außerdem musste er für den Ausflug die Dialyse organisieren, was damals wesentlich komplizierter war als heute.

An das Seminar erinnere ich mich, als sei es erst gestern gewesen. Ich war wie ein Schwamm, der alles aufsaugte. Der Veranstaltungsort war eine schmucklose Halle, doch das kümmerte mich nicht. Ich spürte, wie die Energie darin fast die Decke anhob. Um mich herum waren Menschen, die vorwärtskommen wollten, und Jürgen Höller fand für sie die richtige Ansprache.

In der ersten Pause wandte ich mich mit glühenden Wangen an meine Mutter. „Wow, krass!", sagte ich und rang nach Worten. Wie anders man denken und fühlen konnte. Optimistisch und positiv. Ich war Feuer und Flamme! Dabei versprach Jürgen Höller keineswegs das Blaue vom Himmel. Kein Ton davon, dass der Erfolg von allein kommt. Er machte deutlich, dass es wenig half, sich zu Hause in eine positive Stimmung zu versetzen, ein wenig zu meditieren, um darauf zu hoffen, dass sich die Möglichkeiten von selbst eröffneten. Im Gegenteil: Sein Credo war klar und deutlich. Ohne sich zu fordern und zu fördern, würde es bei keinem der Seminarteilnehmer klappen. Das war der springende Punkt: Sich zu fordern und zu fördern funktioniert nur, wenn wir an uns glauben. Das braucht eine positive Grundhaltung. Wer von sich selbst nach einer Niederlage sagt: „Das war klar, sieh dich nur mal an, du elender Versager, das konnte ja nichts werden. Im Übrigens wirds bei dir auch in der Zukunft nie anders sein", bringt es nicht weit. Wer so über sich denkt und spricht, braucht sich über weitere Niederlagen nicht zu wundern. Warum aber über sich selbst herziehen und nicht einfach den Mund halten? Schließlich heißt es nicht umsonst: „Maulen kommt von Maul, aber Handeln kommt von Hand."

Als wir nach dem Ende des Seminars nach Hause fuhren, überschlug ich mich fast vor Begeisterung. Mein Vater saß hinterm Steuer und lächelte. Er und meine Mutter waren am zweiten Tag nach der Pause nicht in die Halle zurückgekehrt, sondern hatten die Zeit für einen ausgedehnten Spaziergang genutzt. Es kam selten vor, dass sie für dieses Vergnügen eine Gelegenheit fanden. Sie waren jedoch angetan, dass ich von der ersten bis zur letzten Minute auf meinem Platz geblieben war, eifrig mitgeschrieben hatte und auf der Heimfahrt nicht aufhören konnte, über das Erlebte zu sprechen.

„Dann freut es dich sicherlich", sagte mein Vater irgendwann, „dass ich die Folgeseminare für euch Jungs gebucht habe."

Ob mich das freute? Am liebsten wäre ich ihm um den Hals gefallen! Das sollte man bei Tempo 180 auf der Autobahn aber besser sein lassen.

Ein Ingenieurstudium steckt voller Mathematik, was für manche ein Gräuel ist. Nicht für mich. Zahlen sind meine Freunde. Die Statik von Gebäuden zu berechnen oder mich mit Bauphysik und Baumechanik auseinanderzusetzen würde mir keine grauen Haare bescheren. Anders sah es aus, wenn ich mich mit dem Gedanken beschäftigte, was nach dem Studium auf mich zukommen würde. Selbst wenn mein Bruder und ich das Unternehmen umkrempelten, was Söhne meistens tun, wenn sie den väterlichen Betrieb übernehmen, würde sich mein Alltag auf Baustellen abspielen. Ich würde über Plänen brüten in der Auseinandersetzung mit Bauherren, Behörden und Lieferanten. Als ich die Maurerlehre begann, war mir nach wenigen Wochen klar gewesen, dass mein Realschullehrer nichts als die Wahrheit gesagt hatte. Ich hatte die Sache trotzdem durchgezogen. Nun lagen die Dinge anders. Ich war älter und erfahrener geworden. Die Workshops von Jürgen Höller hatten mir eine Tür geöffnet. Ich war noch nicht hindurchgetreten, dafür hatte ich einen Blick in den Raum dahinter geworfen. Und mir gefiel, was ich dort sah. Dazu hatte ich im Aktiengeschäft einige Erfahrungen gesammelt.

Das alles genügte, um vor dem ersten Tag des Studiums genügend Mut zu sammeln und vor meinen Vater zu treten. „Papa, ich mach das Studium nicht."

Flippte mein Vater aus, weil sein Traum zusammenbrach? Mitnichten! Hob er seine Stimme oder auch nur eine Augenbraue? I wo! Heute kenne ich genug Studien, die alle nachweisen, dass achtzig Prozent der Gründe für unsere Ängste niemals eintreten.

Damals wusste ich noch nichts davon, dass wir vor vielen Dingen deshalb Angst haben, weil es die Evolution so angelegt hat. Das ermöglichte dem Menschen das Überleben in einer feindlichen Natur. Heute stehen uns diese Ängste oft im Weg. Sie hindern uns daran, zu tun, was wir tun wollen. Deshalb können sich Angstgefühle verselbstständigen mit der Folge, dass viele zur selbst erfüllenden Prophezeiung werden. Dass ein Butterbrot immer auf die Butterseite fällt, ist ja noch harmlos. Dass Ampeln immer rot sind, wenn wir keine Zeit haben, schon weniger. Die selbst erfüllende Prophezeiung „Das wird nie was!" sorgt dafür, dass es nichts wird. Ängste führen dazu, dass wir an negativen Glaubenssystemen und vorgefassten Urteilen festhalten. Und damit beispielsweise an der verhassten Arbeitsstelle oder an einem Menschen, mit dem es keine Zukunft gibt, oder an einen Ort, von dem wir wegwollen. Wir glauben, Klammern und Festhalten gibt uns Sicherheit, Identität und Orientierung. Stattdessen blockiert es nur unsere Entwicklung.

Das hätte mir widerfahren können, wenn ich nicht den Mut aufgebracht hätte, mit meinem Vater ein offenes Gespräch zu führen. Ich hatte Angst gehabt, ihn zu enttäuschen. Dabei war er viel weiter, als ich gedacht hatte. Natürlich war ihm nicht verborgen geblieben, wie wenig ich mich für Baustellen interessierte. Und war nicht er es gewesen, der uns zu Jürgen Höller brachte? Allein diese Tatsache hätte mir jegliche Angst vor der Aussprache nehmen müssen. Doch kennen wir das nicht alle? Unsere Ängste sitzen tief, sehr tief sogar – daran zu rütteln ist kein Spaziergang, sondern harte Arbeit. Nun hatte ich den ersten Schritt getan und war dabei, die Hürde zu nehmen.

Denn was machte mein Vater? Er lächelte mich an und fragte interessiert: „Was willst du tun?"

Da er es mir so leicht machte, gab es kein Halten mehr. Die Worte bahnten sich wie von selbst ihren Weg. „Ich gehe an die Börse", antwortete ich. Und holte tief Luft. „Dort werde ich sehr, sehr reich."

Ich kann bis heute nicht sagen, ob mein Vater doch Bauchgrimmen bekam, als ich ihm von diesen Plänen erzählte. Immerhin hatte er keine guten Erfahrungen mit Börsengeschäften gemacht. Doch er äußerte keine Bedenken. Immer wieder fragte er später nach, wie die Sache denn lief. Die Details meiner Arbeit fesselten ihn ungefähr so, wie mich die einschlägigen Vorschriften der Abgabeverordnung bei einer Bauüberwachung fesseln würden. Darauf kam es nicht an. Wichtig war, dass er an mich glaubte und mir das Beste wünschte, auch wenn mein Lebensweg seinen Plänen widersprach.

Als ihm sein schweres Leiden immer mehr zu schaffen machte, und er wusste, dass er nicht mehr lange zu leben hatte, setzte ich mich an sein Krankenbett. Ich hatte meine aktuellen Depotauszüge dabei.

Ein Lächeln huschte über die angespannten Gesichtszüge meines Vaters. „Willst du sie mir zeigen?", fragte er mit heiserer Stimme.

Ich lächelte ebenfalls. In unserer Familie haben wir nie das Mäntelchen des Schweigens über finanzielle Angelegenheiten gelegt. Dass ich heute so offenherzig über Geld sprechen kann, verdanke ich auch dieser Tatsache. Wenn es bergauf ging mit dem Unternehmen meines Vaters, war das ein Thema am Mittagstisch. Ging es bergab, sprachen wir ebenfalls darüber. Wir redeten oft über Geld, und das wollte ich jetzt auch tun.

„Erinnerst du dich, als ich gesagt habe, ich werde an der Börse reich?"

Mein Vater nickte. Das Sprechen fiel ihm schwer. Ich spürte, dass ihn noch immer die Sorge umtrieb, er müsste etwas zur Absicherung der Familie beitragen. Dabei hatte er bereits alles getan. Er nahm die Auszüge und blätterte sie durch.

Dass ich ein Zahlenfreund bin, habe ich von ihm geerbt. Auch wenn es ihm dreckig ging, beherrschte er das kleine Einmaleins noch immer im Schlaf. Und das große Einmaleins ebenfalls. Dieses brauchte er auch, denn die Zahlen auf den Auszügen waren enorm. Als er den letzten gelesen hatte, ließ es seine Hände auf die Bettdecke sinken. Sein Körper entspannte sich sichtlich. Mein Vater hatte sich stets darum gesorgt, dass wir ein Dach über dem Kopf hatten, genug zu essen und dass er, egal welche Ausbildung wir anstrebten, diese bezahlen konnte. Nun wusste er, dass sich seine Mühen gelohnt hatten.

„Das hast du gut gemacht", sagte er.

Damals besaß ich ein Vermögen von mehr als zehn Millionen Euro. Ich war zwar noch lange nicht dort, wo ich sein wollte, doch an diesem Tag waren die Zahlen gut genug, um meinen Vater zuversichtlich zu stimmen. Er starb am nächsten Tag. Ich bin mir sicher, dass der Blick auf mein Depot ihm das Gehen erleichtert hat.

Ich gebe freimütig zu, dass ich zu Beginn meiner Karriere Anfängerfehler machte – zum Glück, sage ich heute, denn sie brachten mir die Erfahrungen, die heute die solide Grundlage meines Anlagesystems darstellen. Nicht umsonst stellte ich Warren Buffetts Zitat an den Anfang des Kapitels. Die Sache mit dem erhöhten Puls als Ursache für Fehler ist mir aus diesen Anfängen noch bekannt. Wenn ich die Chancen riechen konnte und sah, wie das Geld auf der Straße lag, ich es nur aufzuheben brauchte ... dann schlug mein Puls höher und der Verstand legte eine kleine Pause ein, was mich mitunter teuer zu stehen kam.

In den letzten Jahrzehnten hatten wir genug Leute, die mit diesem erhöhten Puls in die Schlagzeilen rückten: Der Börsenmakler Jordan Belfort zum Beispiel, für immer verewigt im Film „The Wolf of Wall Street" mit Leonardo DiCaprio. Belforts Werdegang führt vor Augen, was passiert, wenn jemand nach Selbstbereicherung strebt und ihm das Wohl anderer Menschen egal ist.

Oder nehmen wir Bernard Madoff, der als größter Betrüger in der Geschichte der Wall Street gilt. Er prellte seine Anleger über ein Schneeballsystem um fünfzig Milliarden Dollar und wurde zu 150 Jahren Haft verurteilt.

Jérôme Kerviel arbeitete mit fiktiven Geschäften und gefälschten Buchungen und hebelte sämtliche Kontrollmechanismen aus. Seine Verluste: Weit mehr als fünf Milliarden Dollar.

Kweku Adoboli brachte die Großbank UBS durch miese Geschäfte an den Rand des Ruins und löste ein Beben in der Schweizer Bankenlandschaft aus.

Das sind alles Leute, die meiner Meinung nach die Börse mit Klondike verwechselten, dem berüchtigten Landstrich im Yukon-

Territorium zwischen Alaska und Kanada, Ort des größten Goldrausches der Geschichte. Nur wenige Goldsucher wurden dabei reich. Die meisten gingen leer aus, verloren alles, was sie besaßen, und vegetierten unter abscheulichen Umständen in aus dem Boden gestampften Städten wie Klondike City vor sich hin, die zu Recht Lousetown, Läusestadt, genannt wurde.

Es ist die Gier, die Menschen dazu verleitet, auf die Schnelle ihr Glück machen zu wollen. Stampede nannte man es, wenn Hunderttausend ins gelobte Goldland zogen, weil es ihre Nachbarn taten. Heute sind es Optionen, Futures, Zertifikate, Rohstoffe, Differenzkontrakte und Währungen, die Anlegern den Kopf verdrehen und sie dazu verleiten, wie die Goldsucher von einst alles aufs Spiel zu setzen.

Ein Warren Buffett hätte niemals Haus und Hof verlassen, um an einen unwirtlichen Ort wie Klondike zu ziehen, an dem es im Sommer vor Moskitos wimmelt und im Winter eiskalt ist. Seine Lebensgeschichte liest sich wie die eines Buchhalters, der nie die Regeln bricht und immer auf der richtigen Seite steht. Erhöhter Puls? Kann mal vorkommen, wenn sein Lieblingsbaseballteam in der Liga unter Druck steht. Ansonsten bleibt der Puls da, wo er sein soll, nämlich im Normbereich. Damit kann man reich werden, gesund bleiben und bis ins hohe Alter aktiv.

Das war auch bei Löb Strauss der Fall. Der Name sagt Ihnen nichts? Löb kam 1829 im oberfränkischen Buttenheim bei Bamberg zur Welt. Sein Vater war ein armer Hausierer, der an Tuberkulose starb. Die verarmte Familie wanderte in die USA aus, wo Löb sich Levi nannte. Levi Strauss – geht Ihnen ein Licht auf?

Der Erfinder der Jeans war einer der wenigen, die beim Klondike-Goldrausch viel Geld verdienten. Nicht weil er im Dreck nach Gold wühlte, sondern weil er seinen gesunden Menschenverstand einsetzte. Was die Goldsucher brauchten, waren strapazierfähige Hosen. Levi Strauss lieferte sie, zusammen mit Zahnbürsten, Hosenträgern, Knöpfen und vielem mehr. Kaum jemand erinnert sich mehr an diejenigen, die aus den Claims von Klondike geschlagen nach Hause trotteten, doch Levi Strauss & Co. ist noch immer ein börsennotiertes Handelsunternehmen.

Das ist es, was mich an Aktien fasziniert. Es handelt sich um Wertpapiere, die mir einen Anteil an einer Firma verbriefen – an deren Historie, Gegenwart und Zukunft.

„Hinter jeder Aktie steht ein Unternehmen“, sage ich auf meinen Seminaren. „Aktien bilden Sachwerte ab. Dazu gehört, was das Unternehmen produziert. Seine Patente. Grundstücke und Immobilien. Die Anlagen, das Bargeld, die Ausstattung.“

Daher kaufe ich niemals Aktien, ohne davor nicht alles über das Unternehmen in Erfahrung zu bringen. Mal ehrlich: Gibt es Spannenderes, als herauszufinden, wer Levi Strauss war, was ihn antrieb und woher seine Ideen kamen?

Lesen Sie die Geschichte von Sam Walton, dem Gründer von Walmart Inc.: Entstanden aus einem Tante-Emma-Laden in der Kleinstadt Bentonville ist der Einzelhandelskonzern in der Liste Fortune Global 500 auf Platz eins der umsatzstärksten Unternehmen der Welt, mit über zwei Millionen Angestellten der größte private Arbeitgeber unserer Erde. Waltons Biografie liest sich spannender als jeder Krimi.

Oder kennen Sie die Lebensgeschichte von Steve Jobs, dem Gründer von Apple? Die von Richard Branson, der ohne Abschluss die Schule verließ und das Megaunternehmen Virgin gründete? Oder die von Elon Musk, der gerade die Automobil- und Raketenindustrie revolutioniert? Sie repräsentieren nicht nur lehrreiche Werdegänge, sondern auch das, was ich als Aktienhändler schätze. Es sind die Werte, die diese Menschen und ihre Unternehmen darstellen. In den meisten Fällen entsprechen sie meinen Grundsätzen der Geldanlage: Das Ziel einer Unternehmensgründung ist es, Wohlstand und finanzielle Freiheit zu erreichen. Geeignete

Werkzeuge sind Fortschrittsglaube und Wissenschaft. Das beste Hilfsmittel für den Unternehmer ist ungezügelter Optimismus.

Welchen Firmengründer in welchem Jahrhundert Sie auch unter die Lupe nehmen – von Henry Ford über Robert Bosch bis zu Jeff Bezos –, Sie stoßen immer auf diese Werte. In Börsenregeln umgewandelt bedeutet das: Wir dürfen optimistisch sein. Wir dürfen an wissenschaftlichen und wirtschaftlichen Fortschritt glauben. Dazu brauchen wir ein nachvollziehbares System, mit dem wir zu jeder Zeit an der Börse Geld verdienen können. Dafür stellen wir uns klare Regeln auf, an die wir uns immer halten. Und immer heißt, es gibt keinerlei Ausnahmen! Das alles tun wir mit ruhigem Puls und ohne Emotionen. Sind Sie dazu bereit? Dann sind Sie auch bereit für den Erfolg!

Das Gesetz der Anziehung

„Das Geheimnis der Veränderung besteht darin, deine ganze Energie darauf zu konzentrieren, Neues aufzubauen, statt Altes zu bekämpfen."
Sokrates (469 v. Chr.–399 v. Chr.), griechischer Philosoph

„Königreich des Schnees" nennt sich der Stubaier Gletscher, eines meiner Lieblingsskigebiete. Es zählt zu den erstaunlichen Tatsachen, dass Hamburg die aktivste Skihochburg in Deutschland ist. Rund 300 000 Skifahrer gibt es in der Stadt, das kann sich sehen lassen. Wer Segler ist, dem stehen bei uns mit Außenalster und Elbe gleich zwei schöne Reviere vor der Haustür zur Verfügung, während Skifahrer erst mal eine endlos scheinende Autofahrt in die Berge hinter sich bringen müssen – doch das hat mich nie geschreckt. Im Alter von fünf Jahren stand ich das erste Mal bei einer Skifreizeit auf den Brettern. Mit siebzehn war ich ein exzellenter Fahrer, und der Verein machte mir ein Angebot, zu dem ich nicht Nein sagen konnte: „Wir bezahlen dir die Skilehrerausbildung", hieß es. „Dafür stehst du in der Pflicht, die kommenden Jahre unserem Nachwuchs Unterricht zu geben."

So kam es, dass ich zu der Zeit, als ich die Maurerlehre beendet hatte und das Schreckgespenst Ingenieurstudium der Vergangenheit angehörte, doch ein Diplom an die Wand nageln konnte: den Skilehrerschein. Er bescheinigt eine weltweit anerkannte Berufsausbildung, die es erlaubt, eine Skischule zu leiten, um Gäste zu betreuen und zu schulen. Allerdings dachte ich nicht daran, mich auf diese Weise zu professionalisieren.

Auch wenn sich viele Mythen um den Traumberuf Skilehrer ranken – am Ende ist auch das nur ein Job nach dem Prinzip „tausche Zeit gegen Geld."

Mir war klar, ich wollte mehr. Doch zunächst kam Vater Staat und forderte seinen Tribut. Damals gab es noch die Wehrpflicht – ein Wort, das seit der Abschaffung im Jahr 2011 in der Versenkung verschwunden ist. Wie alle meine Kumpels aus dieser Zeit fürchtete ich den Tag, wenn der Musterungsbescheid per Post ins Haus flatterte. Als ich den Brief in den Händen hielt, las ich, dass ich mich zum Langen Peter zu begeben hatte. Gemeint war das Bundeswehr-Dienstleistungszentrum am Langen Peter in Itzehoe – ein mausgraues Gebäude, in dem mausgraue Beamte über meine Zukunft entscheiden sollten. So sah ich die Sache und war nicht bereit, diesen Bescheid widerstandslos zu schlucken.

Für den Amtsarzt war die Sache nach dem medizinischen Check dagegen eine deutliche Angelegenheit. „Für T1 reichts nicht", war die Ansage. „Sie haben den Ansatz eines Hohlkreuzes."

Mit T1 meinte er einen der Tauglichkeitsgrade des musterungsärztlichen Begutachtungsergebnisses, wie das im schönsten Amtsdeutsch genannt wird. T1 ist voll verwendungsfähig, doch die meisten von uns träumten von T5, was nicht wehr- und dienstfähig bedeutete. Mit anderen Worten: „Gehen Sie nach Hause, auf Nimmerwiedersehen."

Woody Allen hat für sich einen eigenen Tauglichkeitsgrad erfunden mit dem Kürzel KGV: „Im Kriegsfall als Geisel verwendungsfähig." Damit erntete er viel Beifall – den gab es für den Arzt nicht, als er mir das Ergebnis verkündete.

„Müller, Sie sind T2", sagte er. „Verwendungsfähig mit Einschränkung für bestimmte Tätigkeiten."

„Da bin ich anderer Meinung", widersprach ich und brach damit Regel Nummer eins, dass man als Wehrpflichtiger niemals widerspricht. Über die setzte ich mich gleich mal hinweg. „Ich sage Ihnen was", fuhr ich fort. „Ich will nicht zur Bundeswehr."

Für einen Augenblick herrschte verblüfftes Schweigen. Dann vernahm ich ungläubiges Lachen. Wahrscheinlich hatte man hier von jungen Männern schon vieles gehört. Ich will nicht zur Bundeswehr war offenbar nicht darunter gewesen.

„Ich habe auch gute Gründe", sagte ich. Dann legte ich los. Ich erklärte dem Arzt und den anderen Anwesenden den prekären Gesundheitszustand meines Vaters. Dann erzählte ich, wie er aus dem Nichts heraus vierzig Jobs geschaffen hatte – was bedeutete, dass sich vierzig Familien darauf verließen, dass er immer genügend Arbeit ranschaffte. „Dabei helfe ich mit", schloss ich meine Ausführungen. „Und das rund um die Uhr. Können Sie mich ausmustern?"

Offenbar hinterließ meine Schilderung Eindruck. Vielleicht war es auch der Zeit geschuldet, weil die Bundeswehr anders als in den siebziger und achtziger Jahre nicht mehr viele Wehrpflichtige brauchte. Gleichwohl war ich verblüfft, als es hieß: „Nun ja, das kann ich nicht entscheiden."

„Aber Ihr Vorgesetzter, der kann das?", fragte ich.

„Wir werden sehen. Ich hole ihn."

Immerhin, einen Schritt war ich vorangekommen. Das Erfolgsgesetz dahinter heißt: „Wenn Sie nicht fragen, ist die Antwort immer Nein." Das leuchtet ein, nicht wahr? Trotzdem scheuen sich viele Menschen davor, Fragen zu stellen. Das war bei mir noch nie der Fall gewesen.

Allerdings war ich nicht darauf gefasst, was nun geschah. Als der Vorgesetzte mit hochrotem Kopf den Raum betrat, war die Sache im Grunde genommen schon gelaufen. Dem Mann sah man an, dass er an diesem Tag mit dem linken Fuß aufgestanden war – und wer weiß, ob er das nicht jeden Tag tat. Er starrte mich an und schnarrte: „Wissen Sie was, Ihre rührselige Geschichte interessiert mich einen Dreck. Sie gehen zur Bundeswehr. Und wenn Ihr Vater seinen Laden dichtmachen muss, ist mir das auch egal."

Ich bin ein typisches Nordlicht. Auch wenn in mir schwere See brodelt, sieht man mir das nicht an. Nach diesen Worten zog ein ganzer Sturm in mir auf. Dennoch blieb ich ruhig, ging aufreizend langsam zur Tür und sagte über die Schulter hinweg: „Sie können mich gernhaben."

Fußballtrainer Jupp Heynckes bekam einst den Spitznamen „Osram" verpasst, weil sein Gesicht rot zu glühen begann, wenn in ihm Zorn aufstieg. Nach dem, was ich aus den Augenwinkeln sah, war Osram kurz davor zu platzen.

„Müller!", hörte ich den Mann brüllen. „Sie drehen mir nicht den Rücken zu!"

Da hatte ich schon die Klinke in der Hand. „Sie haben mir nichts zu sagen", antwortete ich und war draußen.

Dann hatte ich es eilig, nach Hause zu kommen. Dort machte ich mich schlau, ob dieser Mann mir womöglich nicht doch etwas zu sagen hatte. Zum Glück hatte ich durch meine Arbeit an der Börse gelernt, wie man Recherche betreibt. Ich holte die nötigen Informationen ein und verknüpfte sie mit dem Erlebten. Das Ergebnis stand fest: Wenn dieser Dialog zum Standard gehörte, wollte ich erst recht nicht zur Bundeswehr gehen. Die Alternative hieß, den Dienst zu verweigern und mir eine Zivildienststelle zu suchen.

Sind die Würfel gefallen, bin ich immer sehr schnell. Schon wenige Tage später hatte ich diese Stelle in Aussicht.

Wenn ich heute in meinen Seminaren sage, dass ich in meinem Leben nur zweimal Angestellter war, hängt das mit dem Zivildienst zusammen. Einmal stellte mich mein Vater für eine kurze Zeit als Maurer ein. Das zweite Mal war ich als Zivildienstleistender Angestellter der Kirche. Das Zweitbeste an dieser

Zeit war der Umstand, dass sie in die Jahrtausendwende fiel – so gab es immerhin einmal was zu feiern. Das Beste war jedoch die Tatsache, dass es mir dort ziemlich dreckig ging. Was daran das Beste sein soll, fragen Sie? Weil sich deshalb einige der wichtigsten Glaubenssätze meines Lebens manifestieren konnten. Ich gebe allerdings zu, dass es seine Zeit brauchte, bis ich die Sache so entspannt sehen konnte wie heute.

Mein offizieller Titel lautete Zivildienstleistender im Kirchenkreis Pinneberg, der inoffizielle war „Mädchen für alles". Damit hatte ich kein Problem. Ich kann ziemlich viel, was man mit zwei Händen und einem gesunden Menschenverstand erledigen kann, und hatte damals, kurz nach der Maurerlehre, reichlich Übung darin. Egal welche Aufgabe mir mein Chef aufhalste, ich erledigte sie, und zwar so, wie es meine Art ist, nämlich ruck, zuck. Morgens kümmerte ich mich um die Post und gab den Empfangsboy im Eingangsbereich des Verwaltungshauses. Danach ging es handwerklich weiter. Alles, was ein Hausmeister zu erledigen hatte, fiel in meinen Aufgabenbereich.

Eigentlich sollte ich dem offiziellen Hausmeister nur zuarbeiten. Doch dieser war jeden Tag derart mit seiner schlechten Laune beschäftigt, dass ihm keine Zeit zum Arbeiten blieb. Damals dachte ich: „Darf das wahr sein?", wenn dieser unbelehrbare Choleriker seine Wut in die Welt hinausbrüllte. Heute bin ich ihm dankbar für diese Lektion. Ich hatte noch nie einen Menschen kennengelernt, der durch und durch negativ eingestellt war und nur das Schlechte im Leben sah. Man spricht von dem Gesetz der Anziehung, und das lernte ich durch den Hausmeister erst einmal von seiner dunklen Seite kennen. Wer immer Schlechtes denkt und nur an das Schlechte glaubt, der zieht das Schlechte magnetisch an. Das widerfuhr dem armen Kerl von Tag zu Tag und verschlimmerte seine Launen nur noch weiter. Im Umkehrschluss widerfährt dem Menschen Gutes, der Gutes denkt, an das Gute glaubt und Gutes tut.

Damals hatte ich bereits die Folgeseminare von Jürgen Höller absolviert. Schon bei den Power-Days war das Gesetz der Anziehung zur Sprache gekommen. Wenn ich mich recht erinnere, hatte Jürgen seinen eigenen Terminus gewählt und von der Macht des Glaubens an sich selbst gesprochen. Die Wirkung auf die anwesenden Menschen war verblüffend. Natürlich wusste ich nicht, wie nachhaltig es für die anderen Teilnehmer war – doch bei mir konnte ich von Tag zu Tag spüren, wie positiv sich die Macht des Glaubens auswirkte. Ich begann zu begreifen, wie das Gesetz der Anziehung meinen Alltag zu durchdringen vermochte.

Jeder Mensch hat die beeindruckende Anzahl von sechzig- bis siebzigtausend Gedanken pro Tag. Wie viele Studien nachweisen, sind nur wenige davon positiv – Wissenschaftler sprechen von zwei bis drei Prozent. „Wow", dachte ich, als ich das erste Mal davon erfuhr. „Was macht das mit uns? Was macht das mit mir? Was kann geschehen, wenn ich aktiv dazu beitrage, diesen geringen Prozentsatz positiver Gedanken in die Höhe zu treiben?"

Wenn Sie es selbst ausprobieren, merken Sie, dass es leichtere Übungen gibt. Ich stellte fest, wie sehr diese mentale Reinigung einem Training glich, wie ich es als leidenschaftlicher Sportler beim Handball, Tennis, beim Tischtennis oder Skifahren betrieb: Ohne Training und Anstrengung ist eine Leistungssteigerung unmöglich. Sie werden keinen ambitionierten Sportler finden, der diese Tatsache nicht akzeptiert.

Doch wie steht es um unser Mentaltraining? Da sollen die positiven Ergebnisse vom Himmel fallen? Damit dürfen wir nicht rechnen. Als mir klar wurde, dass ich die Vermehrung positiver Gedanken trainieren musste, wusste ich, was zu tun ist. Wie in anderen Sportarten steckte ich mir ehrgeizige Ziele. Und wie in anderen Sportarten freute ich mich über deutliche Trainingseffekte. Ich war mir sicher, auf dem richtigen Weg zu sein, und empfand die Zeit als Zivi als Rückschlag. Heute weiß ich, dass es die richtige Prüfung zur richtigen Zeit war.

Die Soziologen sprechen von einem Schwellenwärter, wenn wir eine Aufgabe bekommen, die nachweist, ob wir bereit sind für das nächste Level. Mein cholerischer Hausmeister verkörperte diesen Schwellenwärter in optimaler Weise. Und ich war noch nicht so weit fürs nächste Level – im Gegenteil, es schien, als sollte ich die Prüfung richtig versemmeln.

Leidtragende war Yana, meine Frau. Zu dieser Zeit gingen wir miteinander, wie man so schön sagt. Sie kannte mich als Sonnyboy, dem schlechte Laune fremd war. Das änderte sich, als ich Zivi wurde. Die schlechte Laune des Hausmeisters übertrug sich auf mich. Das Gesetz der Anziehung schlug zu: Umgib dich mit Menschen mit negativen Einstellungen, und dasselbe blüht dir. Dieser Choleriker war in der Lage, mich aus der Bahn zu werfen.

Das ist kein Wunder, denn so ein Charakter wird zusammen mit seinen Kollegen Nervensäge, Giftzwerg, Jammerlappen, Besserwisser, Machtmensch und Angsthase als Energievampir bezeichnet. Ich bin mir sicher, dass Sie solche Leute auch kennen. Energievampire haben ein ausgezeichnetes Gespür für die Schwächen ihrer Mitmenschen und nutzen dieses Wissen weidlich aus. Im Gegensatz zum Angsthasen ist der Choleriker keiner, der sich versteckt. Als typischer Schreihals verliert er oft die Nerven und brüllt alles nieder, was sich ihm in den Weg stellt. Choleriker haben keine Skrupel, Menschen fertigzumachen und handfeste Drohungen auszustoßen. Allerdings gibt es nur wenige Fälle, in denen sie zu körperlicher Gewalt neigen, denn sie tendieren zu Gewalt gegen Sachen – treten gegen Stühle, hämmern mit Fäusten auf den Tisch oder gehen in die Autoaggression. Choleriker leiden oft unter Bluthochdruck, jeder Wutanfall verschafft ihnen Herzrasen. Noch mehr leiden die Opfer. Ein Choleriker im Büro ist dafür verantwortlich, dass eingespielte Teams auseinanderfallen. Dafür sorgt das Gesetz der Anziehung. Auf einmal verroht die Umgangssprache. Schmähungen schwirren durch die Luft, es wird vertuscht und getäuscht und nach unten getreten.

Auch mich beeinflusste mein cholerischer Vorgesetzter. Ich wollte mit meinem Leben durchstarten, stattdessen schaffte ich es morgens kaum noch, pünktlich zur Arbeit zu erscheinen. Dieser Energievampir entzog mir im wahrsten Sinne des Wortes meine Energie und fütterte mich dafür mit schlechter Laune. Die ließ ich am Abend an Yana aus. Auch das ist eine Folge des Anziehungsgesetzes: Wer sich mit negativ eingestellten Leuten umgibt, wird über kurz oder lang deren Einfluss unterliegen und seine miese Einstellung in seinem sozialen Umfeld weitergeben. Es ist, wie wenn man einen Stein ins Wasser wirft und sich auf der Oberfläche die Kreise ausbreiten. Auf dieses Verbreitungsphänomen bauen alle Populisten.

Das Gesetz der Anziehung wirkt auch in der häuslichen Nachbarschaft, wie man bei Feldversuchen im New Yorker Stadtteil Bronx herausfand. Zuerst ist es die mit Graffiti verschmierte Häuserwand. Wird das Graffiti nicht beseitigt, dauert es nicht lange und die Leute schmeißen an der Stelle ihren Abfall weg. Kurze Zeit später sind die Fensterscheiben eingeschlagen, Obdachlose und Drogensüchtige finden sich ein. Nach wenigen Wochen ist der Ort nicht mehr wiederzuerkennen. Umso wichtiger ist es, sich in gute Gesellschaft zu begeben. Denn das Gesetz der Anziehung funktioniert natürlich auch positiv. Und so sollten wir es auch nutzen. Was haben wir davon, wenn wir unser Leben mit sinnlosen Tätigkeiten vergeuden und uns mit negativ eingestellten Menschen umgeben?

„Auf der Suche nach der verlorenen Zeit", heißt ein Roman von Marcel Proust, und der Titel beschreibt treffend meine damalige Gefühlslage. Gut so, sage ich heute, weil ich aus diesem Grund Menschen, die in meine Seminare kommen und in einer ähnlichem Situation stecken, viel besser mit Rat und Tat zur Seite stehen kann.

Eigentlich ist es erstaunlich, wie viele Menschen im Hamsterrad gefangen sind. Sie üben Jobs aus, die sie hassen, und stecken in finanziellen Schwierigkeiten, die sich zäh und fest anfühlen wie mit Stahl armierter Beton. Dabei können wir an allen Zuständen etwas ändern. Die beiden Zauberworte heißen Eigeninitiative und Entscheidung. Diese Entscheidungen sind die Angelegenheiten von Millisekunden.

Eine Millisekunde wendete auch bei mir das Blatt. Vor lauter Frust und Langeweile zählte ich die Tage bis zum Ende der Zivi-Zeit, und wenn ich damit fertig war, zählte ich die Tage bis zum nächsten Urlaub. Der sollte in wenigen Tagen beginnen. Wie mit dem Skiverein ausgemacht, sollte ich einer fröhlichen Hamburger Kinderschar das Skifahren beibringen.

Einen Tag, bevor es losging, rief mich der oberste Boss zu sich. Seine Ansage war kurz und bündig: „Wir haben drei Zivis. Zwei sind nicht da, bleiben Sie. Ihr Urlaub ist gestrichen."

Glauben Sie mir, ich dachte an all die Dinge, die in Comics mit Totenköpfen und kleinen Bomben illustriert werden. Dann ging ich nach Hause und traf innerhalb der berühmten Millisekunde meine Entscheidung. Ich packte die Ski ein und fuhr mit den Kindern nach Österreich. Dort brachte ich ihnen den Pflugbogen bei und lachte und jubelte mit ihnen über ihre

Erfolge. Auf einmal war ich wieder der Sonnyboy, denn ich hatte mich von allen Energievampiren weit distanziert.

Und ich hatte nicht vor, mich erneut von ihnen aussaugen zu lassen. Schnurstracks lief ich zum Arzt, erzählte etwas von einem fulminanten Sturz auf einer schwarzen Buckelpiste und ließ mich reiseunfähig schreiben. Als die Kinder wieder nach Hause mussten, blieb ich einfach und fuhr eine Woche lang alle schwarzen Buckelpisten ab, natürlich ohne Sturz und voller Lebensfreude. Dann hieß es Abschied nehmen.

Zwei Tage später fand ich mich im Büro des obersten Bosses ein. Standpauke stand auf dem Programm. Doch ich hatte eine Entscheidung getroffen. Sie lautete, mich nicht länger diesen negativen Kräften auszusetzen.

„Jetzt gebe ich Ihnen was fürs Leben mit, junger Mann", hob der Boss an und wollte genüsslich eine Strafpredigt zelebrieren. „Was Sie getan haben, war absolut nicht in Ordnung …"

Man muss gut vorbereitet sein, wenn man Energievampiren unter die Augen tritt, und das war ich. Ich zog eine gekühlte Flasche Champagner aus der Tasche und stellte sie ihm auf den Tisch. Er riss verdutzt die Augen auf und vergaß weiterzusprechen. Mit dieser Reaktion hatte er nicht gerechnet.

„Es war von Ihnen nicht in Ordnung, mir kurzfristig den Urlaub zu verweigern", sagte ich, ohne meine Stimme auch nur einen Deut zu heben. „Genießen Sie den Champagner. Ich wünsche Ihnen ein schönes Leben."

Bald darauf war mein Zivildienst zu Ende. Bis es soweit war, änderte meine Entscheidung, mich nicht länger den negativen Kräften auszusetzen, zwar nichts daran, dass mir weiterhin alle Jobs zugeschoben wurden, die ins Aufgabenfeld des cholerischen Hausmeisters fielen, was sich jedoch änderte, war der Umgangston. Der Choleriker flippte zwar immer noch bei jeder Gelegenheit aus, doch nicht länger mir gegenüber. Den obersten Boss bekam ich kaum mehr zu Gesicht. Er ging mir aus dem Weg und damit war schon viel gewonnen. Als ich am letzten Tag die Tür hinter mir schloss, konnte ich voller Tatendrang mit meinen Plänen durchstarten. Das war ein wunderbares Gefühl!

Ich habe Ihnen erzählt, wie schwierig die Aufgabe war, meine Neugierde über reiche Menschen zu befriedigen. Informationen waren rar gesät – vor allem die aus seriösen Quellen. Natürlich verzapfte die Klatschpresse auch zu dieser Zeit Geschichten über Millionäre, Multimillionäre und Milliardäre. Bei RTL und Sat.1 wurden im Jahr 2001 Fernsehshows ins Programm gehievt mit verräterischen Namen wie „Ich heirate einen Millionär" und „Wer heiratet den Millionär?" Ich schaltete die Glotze ein, ein Moderator sagte: „45 Frauen sind heute hier, und alle glauben an ein Märchen", und ich schaltete sofort wieder aus.

Wie immer in meinem Leben fand ich, was ich wissen wollte, woanders. Mich haben immer Seminare und Bücher klüger gemacht. Wenn Sie sich erst einmal auf diese spannende Reise begeben, führt eines zum anderen. In jedem guten Buch, aus dem ich Wissen schöpfte, fand ich den Titel eines anderen, das es ebenfalls wert war, gelesen zu werden. In allen Seminaren mit Qualität verhielt es sich ebenso. Es geschah daher zwangsläufig, dass ich eines Tages auf das Buch „Denke nach und werde reich" von Napoleon Hill stieß.

„Na so was", dachte ich, als ich es aufschlug. „Das ist genau das Buch, nach dem ich gesucht habe."

Napoleon Hill wurde am 26. Oktober 1883 geboren und wuchs in ärmlichen Verhältnissen auf. Sein Jurastudium an der Georgetown-Universität in Washington finanzierte er durch Zeitungsartikel, die er für verschiedene Tageszeitungen schrieb. Als er 25 Jahre alt wurde, erhielt er den Auftrag, eine Reihe Porträts berühmter Amerikaner zu verfassen.

Darunter war Andrew Carnegie. Der war ein Stahltycoon, ähnlich wie in Deutschland August Thyssen oder Alfred Krupp. Carnegie zählte zu den reichsten Menschen der Welt. Das zu werden sei nicht schwer gewesen, erzählte er dem staunenden Hill. Schließlich kenne er eine einfache Formel, die es jedermann und jederfrau erlaube, zu viel Geld zu kommen. Vielleicht hat Hill etwas zu skeptisch aus der Wäsche geguckt, oder Andrew Carnegie hatte längst den Plan gehegt, der Sache auf den Grund zu gehen – jedenfalls beauftragte er den Journalisten, fünfhundert Millionäre nach ihrem Werdegang zu befragen. Er wollte wissen, ob diese dieselbe Erfolgsformel angewandt hatten wie er.

Hill machte sich ans Werk. Er interviewte Leute wie Thomas Alva Edison, dem die Welt die rasante Entwicklung in Elektrizität und Elektrotechnik verdankt. Alexander Graham Bell war ebenfalls darunter, der aus der Erfindung des Telefons eine ganze Industrie aufbaute. George Eastman gründete die Firma Kodak, Henry Ford perfektionierte die Fließbandfertigung im Automobilbau, John D. Rockefeller machte mit Öl ein Vermögen und gilt als erster Milliardär der Weltgeschichte. Theodore Roosevelt und Woodrow Wilson waren amerikanische Präsidenten.

Wenn Sie Napoleon Hill googeln, stoßen Sie auf Stimmen, die bezweifeln, ob er alle diese Leute tatsächlich persönlich gesprochen hat. Mir ist es gleichgültig, auf welche Art er seine Interviews führte. Entscheidend ist, welche Antworten er bekam. „Denke nach und werde reich" erschien 1937, und hat sich bis heute siebzig Millionen Mal verkauft.

Ich verschlang die Werdegänge dieser erfolgreichen Menschen, und dachte ein ums andere Mal: „Wie bitte? Reich werden ist so einfach?"

Weil Hill an seinem Buch in einer Zeit arbeitete, in der Aufbruchsstimmung herrschte und sich Industrien bildeten, die wir als Old School Economy bezeichnen, gibt es in „Denke nach und werde reich" viele Biografien von Männern, die frühzeitig die Schule verließen – manche gezwungenermaßen, andere aus freien

Stücken –, um ein Handwerk zu erlernen. Natürlich fand ich mich darin wieder. Als Nächstes fiel mir auf, dass keiner von den Porträtierten jemals zu Lernen aufhörte und niemand, wirklich niemand, sich auf seinen Lorbeeren ausruhte. Auch das sprach mich im Innersten an.

Nach und nach schälte sich auf diese Weise ein Prinzip des Erfolges nach dem anderen heraus. So zeigt Hill, dass Chancen häufig verstohlen durch die Hintertür eintreten und sich sogar in einem Rückschlag oder vermeintlichen Unglück verbergen.

Deutlich wird das im Lebenslauf von Thomas Edison, der im Laufe seiner Karriere 1093 Patente einreichte, und dessen Erfindungen oft nach dem Prinzip „trial and error", also „Versuch und Irrtum", entstanden. Edisons Erfindung der Glühbirne ist ein Paradebeispiel dafür. Er selbst meinte dazu: „Ich bin nicht gescheitert. Ich habe bloß zuerst zehntausend Möglichkeiten gefunden, die nicht funktionierten."

Viele Interviewte bestätigten, dass sich der Erfolg kurz nach dem Zeitpunkt einstellte, als sie sich fast geschlagen glaubten. Was ich daraus lernte? Aufgeben ist keine Option!

In weiten Teilen des Buches beschäftigt sich Hill mit der inneren Einstellung seiner Gesprächspartner. Immer wieder geht es um den starken Glauben an sich selbst, an die Idee, das Geschäft oder die Mission. Nun kommt der entscheidende Punkt: Nach der Auswertung aller Interviews kam Hill zur Überzeugung, „dass der Äther von einer universellen Macht erfüllt ist, die sich an die Gedanken anpasst, die wir im Kopf haben, und die uns natürlich beeinflusst, unsere Gedanken in physische Realität umzusetzen".

Dieser Satz kommt ein bisschen verschwurbelt daher, man sollte ihn mehrmals lesen. Gemeint ist, dass sich alle unsere Gedanken in die Realität umsetzen lassen, da eine universelle Kraft diese Umsetzung fördert. Von Äther ist die Rede – ein Ausdruck, der so manchen von uns in die Zeiten des Deutschunterrichts zurückversetzt. Vielleicht erinnern Sie sich an Johann Wolfgang von Goethe und den „Faust". Als dieser sich dafür entscheidet, völlig neue Wege zu beschreiten, lässt Goethe ihn sagen: „Ich fühle mich bereit, auf neuer Bahn den Äther zu durchdringen. Zu neuen Sphären reiner Tätigkeit."

In unserer Zeit haftet dem Begriff Äther etwas leicht Esoterisches an. Seit sich die Quantenphysik daran erinnert, dass Albert Einstein eine Arbeit mit dem Titel „Äther und Relativitätstheorie" verfasste, wird er wieder salonfähig. Napoleon Hill definierte den Begriff so: „Der Äther ist eine gewaltige kosmische Masse aus ewigen Vibrationskräften. Er besteht aus destruktiven und konstruktiven Vibrationen und überträgt ständig alle möglichen Schwingungen – solche der Angst, der Armut, der Krankheit und des Misserfolgs ebenso wie solche des Wohlstands, der Gesundheit, des Erfolgs und des Glücks."

Zusammengefasst heißt das: Beschäftigen wir uns mit Angst, Armut, Krankheit, Misserfolg und anderen negativen Dingen, verstärken wir deren Schwingungen in unserem eigenen Leben. Beschäftigen wir uns dagegen mit Wohlstand, Gesundheit, Erfolg und Glück, verstärken wir diese Schwingungen in unserem Leben. Hill nannte das „die magnetisierende Wirkung unserer dominierenden Gedanken." Sind sie negativ, ziehen wir Negatives an. Sind sie positiv, ziehen wir Positives an.

Inzwischen habe ich „Denke nach und werde reich" über ein Dutzend Mal gelesen. Erst neulich wieder zur Vorbereitung auf dieses Buch. In der Zwischenzeit habe ich auf fast jeder Seite einen Abschnitt oder einen Satz mit Buntstiften markiert. Das war beim letzten Mal wieder der Fall. Mein Buntstift strich über den wunderbaren Satz: „Der Glaube ist der Chefchemiker im Kopf."

Mathematik, Physik und Chemie – das waren meine Fächer in der Schule. Bei einer chemischen Reaktion verändern sich die

Eigenschaften aller beteiligten Stoffe. Wenn also unser Glaube wie ein weiß gewandeter Chemiker mit Reagenzgläschen und Bunsenbrenner herumhantiert – was kann passieren, wenn dieser Chemiker sein Handwerk nicht beherrscht? Wir hatten doch alle mal diesen ganz bestimmten Typ Chemielehrer, dessen Versuche immer in die Hose gingen.

Doch was kann passieren, wenn dieser Chemiker brillant ist? Da wir selbst dieser Chemiker sind, weil es unser Glaube ist, steht uns ein mächtiges Instrument zur Verfügung. Als ob Hill darauf gewartet hätte, unterstützte er mich in meinen Überlegungen mit folgendem Satz: „Also müssen wir ein ‚Geldbewusstsein' entwickeln, bis uns das Anliegen finanzieller Unabhängigkeit dazu treibt, konkrete Pläne zu ihrer Verwirklichung zu schmieden."

Da steht es schwarz auf weiß: Was fünfhundert erfolgreiche Menschen in „Denke nach und werde reich" getan haben, ist, ein Bewusstsein für ihr Anliegen zu entwickeln und einen konkreten Plan, es in die Tat umzusetzen. Dazu benutzten sie positive Impulse – sogenannte Autosuggestionen – die ihnen halfen, die positiven Kräfte des geheimnisvollen Äthers zu mobilisieren.

Andrew Carnegie hatte also recht behalten. Natürlich beschreibt jeder Porträtierte seinen Weg in eigenen Worten, sodass am Ende keine Erfolgsformel auf dem Papier steht, sondern eine Marschroute. Wer ihr folgt, dem wird der Erfolg folgen.

Richten Sie Ihre Energie darauf aus, Ihre Ziele zu erreichen. Ergreifen Sie die Initiative – denn aus Ihrem Wunsch muss eine Tat werden. Ordnen Sie Ihre Gedanken, streichen Sie Negatives aus Ihrem Kopf, konzentrieren Sie sich auf Ihre Fähigkeiten und bewahren Sie sich die positive Einstellung. Gehen Sie die Extrameile, bringen Sie mehr Leistung als erwartet. Zu guter Letzt: Geben Sie niemals auf.

Mit dieser Marschroute bin ich reich geworden. Vor allem „bewahren Sie sich eine positive Einstellung" erwies sich als besonders zuträglich. Unsere Gedanken führen zu Gefühlen, unsere Gefühle zu Handlungen und diese zu Ergebnissen. Daraus wird klar: Nur wer positiv denkt, erreicht positive Ergebnisse.

Im Laufe der letzten Jahre spürte ich, dass mir noch etwas fehlte. Da Andrew Carnegie die Quelle war, ging ich auf der Suche nach dem fehlenden Bindeglied zur Quelle zurück. Ich stieß auf ein Essay, das Carnegie im Jahr 1889 unter dem Titel „The Gospel of Wealth" („Das Evangelium des Reichtums") publiziert hatte. Darin steht der Satz: „The man who dies thus rich dies disgraced", also: „Der Mann, der reich stirbt, stirbt in Schande."

„Bingo!", dachte ich, nachdem ich die Lektüre beendet hatte. Was mir gefehlt hatte war der Erfolgsfaktor „Give back!", „Gib etwas zurück!", weil auf diese Weise die natürliche Ordnung des Äthers wiederhergestellt wird. „Gib etwas zurück" baute ich sogleich in mein Sechs-Konten-Modell ein, das aus diesen Gedanken entstanden ist und das Menschen automatisch zum Millionär macht. Ich gehe auf dieses Modell im folgenden Kapitel ein – das eine sei jedoch gleich gesagt: Selbst wenn Sie am Anfang auf Ihrem Weg zur finanziellen Freiheit stehen, empfehle ich Ihnen, stets einen Teil von dem, was Sie einnehmen, an Menschen zurückzugeben, die es nötig haben. Konkret spreche ich dabei von fünf Prozent der Einnahmen. Sehen Sie das nicht als Almosen, sondern betreiben Sie damit Hilfe zur Selbsthilfe bedürftiger Menschen. Ich kann Ihnen versichern: Das Geld, das Sie geben, kommt mehrfach zu Ihnen zurück.

Über die Schwelle

„Tu was du willst, aber nicht, weil du musst."
Siddhartha Gautama (563 v. Chr.–483 v. Chr.), der historische Buddha

---

Es war erneut Jürgen Höller, der einen wichtigen Impuls in meinem Leben setzte. Als ich Zivildienstleistender war, besuchte ich ein weiteres seiner Seminare. In einer der Pausen schaffte ich es, ihn zwischen Tür und Angel anzusprechen. Mir war klar, dass nicht viel Zeit blieb.

Im Filmgeschäft nennt man diese Situation „Elevator Pitch". Damit ist der Fall gemeint, wenn ein hoffnungsfroher Regisseur irgendwo in Hollywood einen Aufzug betritt, dort zu seiner Überraschung einen bekannten Produzenten antrifft, und die dreißigsekündige Fahrt nach oben als Chance nutzt, seine Filmidee zu präsentieren. Es gibt Seminare, um diese Art von Pitching zu üben: Wie präsentiere ich mich im besten Licht in möglichst kurzer Zeit?

So einen Workshop hatte ich damals noch nicht besucht. Trotzdem fand ich die richtigen Worte. Kurz und prägnant schilderte ich meine Situation: Das Bauunternehmen meines Vaters. Die Maurerlehre. Das Ingenieurstudium, und mein Unbehagen darüber. Der lähmende Stillstand als Zivi.

Ich merkte, wie Jürgen mich genau betrachtete. „Wie du so vor mir stehst", sagte er, „ist klar, dass eine Baustelle nicht dein Ding ist."

Das ist typisch für Jürgen: Er ist der Mann, der den Stier immer an den Hörnern packt.

„Ich weiß aber nicht, was ich tun soll", gab ich zurück. Wenn man die Chance hat, mit einem Mentor zu sprechen, nützt es einem nichts, sich in Ausflüchte zu verlieren. Ehrlichkeit bringt uns weiter, und deshalb war ich ehrlich: Ich hatte keine Ahnung, was ich konkret machen sollte.

Jürgen lachte. „Mach das, was du liebst." Er holte Luft und sah mich mit scharfem Blick an. „Was tust du am liebsten?"

Das ist die Mutter aller Fragen: Was tun wir am liebsten? Wenn Sie darauf eine ehrliche und spontane Antwort geben können, haben Sie einen wichtigen Teil Ihres Weges zur finanziellen Freiheit absolviert. Lassen Sie dem kleinen Teufelchen keine Chance, das Ihnen einflüstern will: „Mit dieser Idee kommst du nicht weit", oder: „Das wird bestimmt nichts", oder: „Da sind schon andere vor dir gescheitert"! Nutzen Sie die Gelegenheit und sprechen Sie laut aus, was es ist, was Sie am liebsten tun!

Meine Antwort kam ohne Zögern. „Was mit Geld", sagte ich.

Worauf Jürgen meinte: „Dann mach was mit Geld."

Das war alles. Mehr muss ein guter Mentor nicht tun. Jürgen sagte mir nicht, was ich konkret zu tun oder zu lassen hatte – das war nicht sein Mandat. Wir sind ja immer schnell dabei, anderen Menschen unsere wohl gemeinten Ratschläge aufs Auge zu drücken, die sich oft als untauglich erweisen. Jürgen begab sich nicht auf dieses dünne Eis. Er sagte nicht, dann werde Bankkaufmann oder Börsenmakler, Finanzberater oder Sales-Manager. Dafür schubste er mich erfolgreich über die Schwelle, um die Sache bildhaft auszudrücken.

Vor einer Schwelle zu stehen ist der Zustand, in dem sich viele Menschen befinden, die zu meinen Seminaren kommen, und den Sie jetzt gerade mit diesem Buch in der Hand ebenfalls gut kennen. Wir sind unzufrieden mit unserer persönlichen Situation. Tief im Inneren wissen wir, was wir gerne tun. Es ist nur nicht richtig konkret.

Ein Seminarteilnehmer sagte kürzlich, dass er sich fürs Leben gern mit Essen und Trinken beschäftigt. Das heißt noch lange nicht, dass er am besten Koch werden soll, und ich würde mich hüten, diesen Vorschlag zu unterbreiten. Das wäre der typische wohl gemeinte Ratschlag, der nach hinten losgeht, weil er alle anderen Möglichkeiten nicht berücksichtigt. Wer sich gerne mit Essen und Trinken beschäftigt, dem stehen viele Türen offen, Koch ist bloß eine davon. Wer sich liebend gerne mit Geld beschäftigt, für den gibt es mehr Chancen, als sich bei einer Bank zu verdingen. Ein guter Mentor zeigt seinem Mentee die Tür. Durchgehen muss der Mentee allein.

Erinnern Sie sich, was ich Ihnen am Ende des letzten Kapitels als Marschroute zum Erfolg genannt habe? Punkt eins ist, dass wir die Energie darauf ausrichten, unser Ziel zu erreichen. Das tat ich, indem ich die Biografien und Werdegänge reicher Personen las und Seminare besuchte. Das tat ich ganz besonders am Tag, als ich Jürgen Höller in der Pause abpasste, um ihm mein Anliegen vorzutragen.

Punkt zwei ist, dass wir im Anschluss daran die Initiative ergreifen, um den Wunsch in die Tat umzusetzen. Mein Wunsch war, mich mit dem zu beschäftigen, was ich liebe – nämlich Geld –, und nun lag es an mir, aus dem Wunsch Realität werden zu lassen. Das war nicht die Aufgabe von Jürgen. Sein Job als Mentor war, dafür zu sorgen, dass ich meinen Herzenswunsch laut aussprach.

Das erkläre ich Ihnen deshalb so detailliert, weil es unzählige Menschen gibt, die dem Irrtum aufliegen, dass ein Mentor, ein Coach, ein Ratgeber oder auch ein guter Freund dafür sorgen müssen, dass die Dinge ins Laufen kommen. Mit anderen Worten: Diese Leute schieben die Verantwortung weit von sich.

Auf diese Weise werden sie ihr Ziel niemals erreichen – und ich weiß, wovon ich spreche.

Vor ein paar Tagen führte ich ein Gespräch mit meinem Sohn. Er fragte: „Papa, sag mal, wie warst du früher?"

„Ziemlich schüchtern", sagte ich.

Als kleiner Junge schob ich die Verantwortung gerne von mir weg. Klar, mag das in diesem Alter in Ordnung sein, doch als Erwachsene können wir es uns nicht länger erlauben. Die Initiative zu ergreifen, um aus dem Herzenswunsch eine Tat werden zu lassen, heißt, sich zur Selbstverantwortung zu bekennen. Alle fünfhundert von Napoleon Hill befragten Erfolgsmenschen haben das getan. Würden wir so ein Buch heute in Auftrag geben, wäre das Ergebnis kein Haar anders. Wenn Sie die Biografien von Steve Jobs, Richard Branson, Jeff Bezos oder Elon Musk lesen, zieht sich „Verantwortung für mich selbst" wie ein roter Faden durch deren Leben.

Darin liegt einer der Gründe, warum erfolglose Menschen mit Neid und Missgunst auf erfolgreiche Menschen reagieren. Personen, die nicht über die Umstände jammern, sondern in die Hände spucken und eine Schippe drauflegen, wenn der Wind kalt um die Ecke bläst, sind bei Coach-Potatoes nicht gerade beliebt. Sie legen den Finger in die Wunde: Komm runter vom Sofa, nimm dein Leben in die Hand, tu was, ist die Botschaft.

Bekennen Sie sich daher zu Ihrer Selbstverantwortung und starten Sie durch mit dem, was Sie lieben. Dann ist auch Punkt drei auf der Marschroute zum Erfolg ein Kinderspiel. Erinnern Sie sich? Es geht darum, die Gedanken zu ordnen, Negatives aus dem Kopf zu streichen und sich auf die eigenen Fähigkeiten zu konzentrieren.

Tut man nicht, was man wirklich tun will – wenn man etwa wie in meinem Fall als Maurer auf der Baustelle steht oder als Zivildienstleistender den Hof kehrt –, ist es schwer möglich, negative Gedanken aus dem Kopf zu verbannen. Stecken wir im Hamsterrad fest, sehen wir vor allem weitere Hamster im Hamsterrad. Das nennt man Gleiches im Gleichen erkennen. Auch hier kommt das Gesetz der Anziehung zum Tragen. Hamster treffen Hamster und sprechen mit ihnen über das schwere Los im Hamsterrad.

„Hast du eine Ahnung, was wir tun können?", fragt der eine.

„Nö. Du?", sagt der andere.

„Ich auch nicht."

Für eine nachhaltige Lösung sollte der Hamster mit jemandem außerhalb des Hamsterrades sprechen. Am besten mit einem Mentor. Das ist der Grund, warum es sich lohnt, in sich selbst zu investieren und Topseminare zu besuchen. Daher brauchte Jürgen Höller mir nicht vorzuschlagen, was ich alles tun könnte. Stattdessen musste er mich dazu bringen, auszusprechen, was ich tun wollte. Ich hoffe, Sie erkennen den feinen Unterschied.

„Was mit Geld", hatte ich gesagt.

Seine Antwort war die einzig richtige: „Dann mach was mit Geld."

Der Zeitpunkt war goldrichtig. Wie oft hat man die Chance, zum Beginn eines neuen Jahrtausends seinen eigenen Weg einzuschlagen? Nach meinen Erfahrungen als Angestellter konnte dieser nur lauten: Ich mache mich selbstständig. Der Mensch als kleinste wirtschaftliche Einheit, als Entscheider, Erneuerer und Entdecker – das gefiel mir. Und doch war es in unserem Land eine Entscheidung gegen den Trend. Unternehmertum, auch Entrepreneurship genannt, führt in Deutschland noch immer eine Randexistenz. Im Jahr 2000, als ich die Entscheidung fällte, gab es in der Bundesrepublik 1,8 Millionen Soloselbstständige. Zwanzig Jahre später sind es nicht viel mehr geworden. Die Zahl der Selbstständigen mit ein paar Beschäftigten ist sogar gleich geblieben, und eine Trendwende ist nicht in Sicht. Zum Jahrtausendwechsel versuchten sich 1,5 Millionen Menschen selbstständig zu machen. 2019 waren es nur noch 605 000. Dafür stieg die Zahl derer, die sich nicht selbstständig machen wollen, weil sie Angst vor dem Scheitern haben. Auch weil nach drei Jahren nur noch 68 Prozent aller Existenzgründungen existieren. Die Coronapandemie wird zu dieser Entwicklung beitragen: 90 Prozent aller Selbstständigen und Soloselbstständigen verdienen momentan weniger, 34 Prozent haben keine Einnahmen mehr, 68 Prozent sind nach maximal drei Monaten ohne Zahlungseingänge pleite. Was steht auf der anderen Seite der Medaille? Schlagen Sie bei Wikipedia die Definition des Begriffs Selbstständigkeit nach. Klingt sie nicht wie Musik in den Ohren eines jeden Menschen, dem die eigene Freiheit wichtig ist?

„Beruflich selbstständig ist, wer keinem Direktionsrecht unterliegt, in keine fremde Arbeitsorganisation eingegliedert ist und seine Arbeitszeit frei bestimmen kann", heißt es da.

Drei wichtige Begriffe tauchen auf. Das Direktionsrecht ist umgangssprachlich ausgedrückt das Recht des Arbeitgebers, dem Arbeitnehmer zu sagen, was er den lieben langen Tag machen muss und wie er es zu tun hat. Natürlich liegt dem Ganzen ein komplexes Arbeitsrecht zugrunde, doch wenn wir die Sache auf den Punkt bringen, läuft es darauf hinaus, dass wir jemanden haben, der Befehle ausspricht, und jemanden, der sie ausführt. Für Ulrich Müller, das war inzwischen klar, war das keine Basis für entspanntes Arbeiten. Ich war bereit, jede Extrameile zu gehen, aber nur, wenn ich mir dazu selbst den Auftrag gab. Daher kam nicht infrage, dass ich mich in eine fremde Arbeitsorganisation eingliederte, wie es die Definition im steifen Beamtendeutsch vorschreibt.

Außerdem wollte ich meine Arbeitszeit frei bestimmen. Nicht, um mir mehr Freizeit zu gönnen, im Gegenteil. Ich hatte das

Verlangen, am Ball zu bleiben, wenn es darauf ankommt. Auch das ist in einer Firma oft nicht möglich. Da gibt es Regelarbeitszeiten und allerhand Verbote, was Überstunden angeht. Die mögen Sinn ergeben für jemanden, der anders tickt als ich. Ich war 23 Jahre alt und hatte die Sehnsucht, zu tun, was ich liebe, und zwar so lange, wie ich es für richtig hielt. Und wenn das zwölf, vierzehn oder sechzehn Stunden am Tag waren, dann waren es eben zwölf, vierzehn oder sechzehn Stunden am Tag.

Auf diese Weise erwarb ich per Fernstudium in Rekordzeit mein Diplom als Finanzwirt. Hier bekam ich ein ordentliches Gerüst für viele Themen rund ums Geld. Nur das Wichtigste fehlte: Der Finanzwirt lernt nicht, wie man Geld verdient. Dafür lernt er, wie man Geld versteuert. Er kennt sich aus im Bilanz-, Umsatz- und Ertragssteuerrecht oder der Besteuerung von Gesellschaften. Recht ist ohnehin ein Schwerpunktthema: Vertrags- und Erbrecht, öffentliches Recht und Steuerstrafrecht, Wertpapierrecht und Handelsrecht – alles, was Recht ist, konnte ich nur sagen.

Zum Glück kamen die Zahlen nicht zu kurz – ich arbeitete mich auch in die Finanz- und Volks- und Betriebswirtschaft ein. Spannende Nebengebiete waren Sozialpsychologie und Kommunikation.

Klingt nach einer Menge Stoff? War es auch. Trotzdem lief alles wie am Schnürchen. Schließlich tat ich jetzt, was ich tun wollte. Von nun an durfte ich mich Investmentberater und Versicherungsmakler nennen. Es begann eine Zeit, die mich prägte – und die am Ende auf eine Entscheidung hinsteuerte, die logisch war, jedoch einiges an Willensstärke verlangte.

Wie viel Geld steht einem durchschnittlichen deutschen Haushalt zur Verfügung? Zu der Zeit, in der ich an diesem Kapitel arbeite, sprechen die Zahlen der statistischen Ämter und der Bundesbank eine klare Sprache: Im ersten Quartal 2020 lag das Geldvermögen aller Privathaushalte in Deutschland bei 6.337 Milliarden Euro. Da es reichere und ärmere Bundesländer gibt, unterscheidet sich das Pro-Kopf-Geldvermögen. So kam jeder Einwohner von Baden-Württemberg Ende 2018 auf 63.240 Euro, im Bundesschnitt waren es 51.830 Euro. Nun berücksichtigen wir noch, dass jeder dritte Privathaushalt keinerlei Ersparnisse hat. Erstaunt Sie das?

Bei einer anderen Studie landete der vermeintliche Sparweltmeister Deutschland unter dreizehn befragten europäischen Ländern, Australien und den USA auf Platz zwei der Länder mit den niedrigsten Ersparnissen. Nur in Rumänien sparten die Menschen weniger. Deckt sich das nicht auch mit der Statistik, dass das weltweite Vermögen zu mehr als achtzig Prozent in den Händen des reichsten Zehntels aller Menschen liegt?

Schnell schwirrt die Aussage „Das ist ungerecht!“ durch den Raum. Wer ist bereit, vor der eigenen Tür zu kehren? Wer ist bereit zuzugeben, dass er sein verdientes Geld falsch einteilt? Wie kann es passieren, dass viele Deutsche über Rücklagen von drei Monatsnettogehältern verfügen bei einem Nettojahreseinkommen von 40 800 Euro? Mit diesem liegen wir im Vergleich der befragten europäischen Länder, Australien und den USA auf Rang vier. Das ist nicht schlecht – trotzdem bleibt vielen Bundesbürgern kaum etwas übrig.

Sind vielleicht die Lebenshaltungskosten in Deutschland viel höher als anderswo? Auch das ist nicht der Fall. Vergleichen wir 102 Länder rund um den Globus steht Deutschland am Tag, an dem ich das aufschreibe, auf dem 27. Platz. Das Leben in Norwegen, Israel,

Australien, Neuseeland, Finnland, Großbritannien, Kanada, Belgien, Österreich, Frankreich, in der Schweiz, in den USA oder den Niederlanden, um nur einige zu nennen, ist viel teurer als bei uns.

Ein Sponti-Spruch aus meiner Jugend lautete: „Echt bitter, Mann, wenn am Ende des Geldes noch so viel Monat übrig ist."

Ja, das ist wirklich bitter, vor allem, weil der Grund darin liegt, dass wir mehr ausgeben als einnehmen. Das ist die einfache Wahrheit hinter all diesen Zahlen. Im Durchschnitt konsumieren Deutsche mehr, als sie sich leisten können. Wir leben über unsere Verhältnisse. Wir kalkulieren unser zur Verfügung stehendes Geld falsch ein oder kalkulieren es gar nicht.

Stand heute beschäftige ich mich seit einem Vierteljahrhundert mit Vermögensaufbau. Seit zwanzig Jahren tue ich es auf selbstständiger Basis. Wie oft stieß ich in dieser Zeit auf Menschen, die sich beim Hauskauf übernommen hatten, ein oder mehrere zu teure Autos besaßen, kostspielige Versicherungen abschlossen, deren Leistungen sich überdeckten oder die auf Wertanlagen saßen, die den Begriff „Wert" verspotteten? Viele führten das Leben eines Millionärs, ohne die Million zu besitzen.

„Muss das sein?", fragte ich mich. Offenbar ja, denn wir lernen auf der Schule nicht den guten Umgang mit Geld. Das kritisiere ich und wünsche es mir anders. Ist es ein Wunder, dass sich so viele Menschen nicht oder nur unzureichend um ihre Finanzen kümmern, wenn dieses Thema in der wichtigen Prägungszeit unserer Kindheit ignoriert wird?

Meinen Jungs passiert das jedenfalls nicht. Sie haben auch kein Unterrichtsfach „Geld und Finanzen" in der Schule, aber sie haben einen Papa, der nicht akzeptieren will, dass seine Kinder aufwachsen, ohne das Einmaleins des Geldes zu kennen.

Im internationalen Bestseller „Ein Hund namens Money" von Bodo Schäfer, einem der besten Bücher über Geld für Kinder und Erwachsene, bringt der Autor die Idee der Traumdosen ins Spiel. Sie helfen spielerisch beim Sparen. In die Traumdosen – die gerne selbst gebastelt sein dürfen – steckt man alles Geld, das man erübrigen kann, für seine drei größten Wünsche. Diese Wünsche bebildern sich die Kinder in einem Traumalbum, da aus unseren Gedanken Realität wird. Ich hatte Ähnliches in meiner Kindheit. Es war eine Spardose, aus echtem Silber gearbeitet. Mit anderen Worten, allein die Spardose verkörperte einen Wert. Und damit auch alles, was ich hineinsteckte.

So lernte ich, gerne zu sparen. Darüber bin ich froh und dankbar. Egal, wie viel ein Mensch verdient: Wenn er nicht sparen kann, wird er nicht reich werden. Als Investmentberater lernte ich Menschen kennen, die mehr als fünfzigtausend Euro im Monat verdienten und sagten: „Sorry, aber ich kann nichts sparen. Bei mir bleibt nie was übrig." Als diese Leute Kinder waren, hat keiner mit ihnen über das Thema Geld und Finanzen gesprochen. Sie haben null Gefühl dafür entwickelt.

Meine Jungs haben ihre Traumdosen. Beim älteren steht auf der ersten „Handy", auf der zweiten „Lamborghini" und auf der dritten „Villa". Seine Traumalben hat er mit entsprechenden Fotos ausgeschmückt.

Als die Handy-Traumdose gefüllt war, kam er zu mir. „Das reicht für ein Android, oder?", wollte er wissen.

Wir zählten seine Ersparnisse zusammen, und ich gab ihm recht. Ganz zufrieden schien er nicht zu sein.

„Ein iPhone wäre cooler", meinte er. „Aber ..."

Ich konnte ihm ansehen, wie die Rechenmaschine in seinem Kopf losratterte. „Ich kriege zehn Euro Taschengeld die Woche. Für das iPhone müsste ich über ein Jahr Taschengeld ausgeben. Dann kann ich mir nichts anderes kaufen. Nein, Papa, das will ich nicht. Das ist es mir nicht wert."

Natürlich bin ich ein stolzer Vater, keine Frage, und daher weder neutral noch unbelastet in meiner Meinung. Trotzdem wünsche ich mir, dass alle Leute, die keine Ersparnisse besitzen, diese Überlegung zu ihrer machen. Ist es mir die Sache wert? Darin liegt der Hund begraben! Menschen, die sparen können, stellen sich diese Frage bei jedem Einkauf.

Ich habe einen Kunden, der als Arzt nicht schlecht verdient. Auch seine Frau trägt mit ihrem Job als Krankenschwester zum guten Haushaltsnettoeinkommen bei. Es liegt bei 8500 Euro, also mehr als doppelt so hoch wie das durchschnittliche Einkommen in Deutschland. Diese Menschen könnten sich daher viel leisten. Ich schreibe bewusst „könnten", denn sie tun es nicht.

Als ich sie fragte: „Wie viel spart ihr im Monat?", lautete die Antwort: „Wir sparen fünftausend Euro."

Das ist eine Sparrate von fast sechzig Prozent! Das Paar hat Kinder und ein Haus, das bereits finanziert ist. Daneben haben sie sich ein Vermögen zusammengespart, weil sie sich bei jeder Ausgabe die Frage stellten: „Ist es uns die Sache wert?" Und oft lautete die Antwort: „Nein!"

Ach ja: Als die beiden Kinder waren, haben ihre Eltern oft mit ihnen über das Thema Geld und Finanzen gesprochen.

„Papa", sagte mein Sohn wenig später. „Ich habe nachgerechnet. Allein mit dem Taschengeld wird es für den Lamborghini nicht reichen, bis ich achtzehn bin."

Dem konnte ich nur zustimmen.

„Was hältst du davon, wenn ich unsere Nachbarin frage, ob ich den Gehweg ums Haus sauber machen kann? Und die Mülltonne rausschieben? Ich könnte Hunde Gassi führen."

Ist es verwerflich, wenn sich Kinder durch kleine Jobs das Taschengeld aufbessern? Absolut nicht! Es ist im Gegenteil verwerflich, wenn wir ihnen die Chance verwehren, sich Wege zu suchen, unser westliches System des Kapitalismus zu erforschen und zu begreifen. Natürlich müssen wir alles tun, um ausbeuterische Kinderarbeit abzuschaffen. Der Nachbarin gegen ein kleines Entgelt die Mülltonne auf die Straße zu bringen, einen Hund auszuführen oder Zeitungen auszutragen ist keine ausbeuterische Kinderarbeit. Seit mein Sohn das tut, wachsen nicht nur die Ersparnisse in seiner Traumdose mit der Aufschrift Lamborghini an. Genauso wichtig ist, dass er sich Gedanken ums Geld macht und positive Glaubenssätze aufnimmt wie „Hey, ich kriege das hin!". Ihm wird es nicht passieren, dass er als Erwachsener eines Tages böse erwacht, weil das Geld ausgegangen ist und sich keine Ersparnisse auf der hohen Kante befinden.

Traumdosen sind auch für Erwachsene gut. Damit Sie nicht an der Bastelarbeit scheitern – mir könnte das passieren –, empfehle ich Ihnen ein Modell, das dieser Idee folgt. Es ist mein Sechs-Konten-Modell. Damit gebe ich Ihnen eine gewinnbringende Möglichkeit an die Hand, Ihr Geld zu budgetieren und damit sinnvoll aufzuteilen. Ich nenne das Modell selbstbewusst „Automatisch Millionär werden" und zeige Ihnen anhand interessanter Zahlen, warum das auch so ist.

Zunächst jedoch die Antwort auf die Frage: Weshalb brauche ich ein System? Gut eingestellte Systeme helfen uns in vielen Lebenslagen durch Automatismen weiter. Stellen Sie sich vor, Sie schalten den Fernseher an und müssten, wie es in alten Zeiten der Fall war, bei jedem Programmwechsel die Antenne neu justieren. Da hätten Sie schnell keinen Spaß mehr an der Sache. Bei Ihrem Geld liegen die Dinge ähnlich: Haben Sie ein gut funktionierendes System zur Verfügung, können Sie automatisch reich werden. Wer kann dazu Nein sagen? Ich jedenfalls nicht, und Tausende meiner Seminarteilnehmer auch nicht. Deshalb starten wir stets mit dem Sechs-Konten-Modell.

Es ist ein Kuchenmodell. Stellen Sie sich einen schönen runden Kuchen vor, der frisch gebacken und duftend vor Ihnen steht. Ihn teilen Sie in sechs Stücke auf. Die sind allerdings nicht alle gleich groß. Einige sind größer, andere kleiner.

Das erste Kuchenstück – das Konto 1 – macht zehn Prozent des Kuchens aus. Es steht für Ihre finanzielle Freiheit. Was es damit auf sich hat, ist einfach erklärt: In dieses Konto zahlen Sie langfristig ein und nehmen nie etwas heraus. Daraus entstehen Ihre Vermögenswerte – was es mit diesem Begriff auf sich hat, erkläre ich Ihnen gleich.

Schauen wir uns erst die restlichen Kuchenstücke an. Mit Konto 2 bestreiten Sie Ihren Lebensunterhalt. Kein Wunder, dass es mit maximal 55 Prozent das größte Kuchenstück ist.

Konto 3 sind Ihre langfristigen Ausgaben. Auch dafür budgetieren wir zehn Prozent der Ihnen zur Verfügung stehenden Einnahmen.

Folgt Konto 4, das für Spaß steht: Erneut sind es zehn Prozent, die Sie dafür kalkulieren dürfen.

Konto 5 ist für Ihre Weiterbildung gedacht. Zehn Prozent Ihres Geldes fließen hinein.

Konto 6 habe ich schon erwähnt: Es ist das Spendenkonto. Sie haben fünf Prozent vom Kuchen übrig, die sind dafür da.

Weil das Sechs-Konten-Modell die Grundmauer des Hauses ist, das wir errichten wollen, verschaffen wir uns einen Überblick:

Konto 1 – 10 Prozent – Finanzielle Freiheit
Konto 2 – 55 Prozent – Lebensunterhalt
Konto 3 – 10 Prozent – Langfristige Ausgaben
Konto 4 – 10 Prozent – Spaß
Konto 5 – 10 Prozent – Weiterbildung
Konto 6 – 5 Prozent – Spenden

Ein bisschen Kopfrechnen muss sein, doch machen wir uns die Sache einfach. Nehmen wir an, Sie haben pro Monat 3000 Euro zur Verfügung. Dann stecken Sie 10 Prozent, also 300 Euro, ins Konto 1 „Finanzielle Freiheit“. Mit 55 Prozent, das sind 1.650 Euro, bestreiten Sie Ihren Lebensunterhalt in Konto 2. Falls Sie Mieter sind: Dazu gehört auch die Miete. Ihre Kosten sollten daher niemals höher sein als die Summe, die Sie in Konto 2 einzahlen. Wieder 300 Euro sind für langfristige Ausgaben da, das ist Konto 3. 300 Euro hauen Sie auf den Kopf für Spaß und Spiel in Konto 4. Mit 300 Euro bilden Sie sich mit Konto 5 weiter. 150 Euro geben Sie mit Konto 6 als Spende in den Kreislauf zurück.

In meinen Seminaren höre ich an dieser Stelle manchen Teilnehmer tief Luft holen. Geht es Ihnen auch so? Auf einmal merken viele Menschen, dass sie ihr Geld ganz anders aufteilen. Da geht viel mehr ins Konto 4, das Spaß-Konto, als von mir vorgegeben. In der Sprache der Konditoren ist dieses Kuchenstück bei vielen Menschen unverhältnismäßig groß. Was dazu führt, dass sie Schulden machen müssen. Mittlerweile haben Sie mitbekommen, was ich von Verbraucherkrediten halte, nämlich nichts.

Trotzdem lege ich Ihnen ans Herz: Diese Kontoaufteilung ist wichtig – in jede Richtung. Bei manchen Menschen führt der Hang zum Sparen auch in eine Extremsituation. Sie sparen, sparen und sparen, und die Lebensfreude bleibt auf der Strecke. Wie immer liegt das Glück in der goldenen Mitte. Daher: Nutzen Sie das Geld auf Konto 4, um sich etwas zu gönnen. Doch bitte nutzen Sie nur das Geld, das auf diesem Konto liegt.

Viele Menschen bemerken auch, dass sie das Konto 5 Weiterbildung kaum oder gar nicht bedienen. Es führt ein kümmerliches Dasein. Natürlich werde ich häufig gefragt: „Ulrich, wie bist du so reich geworden?" Rede ich dann von Aktien? Von Investitionen? Von der Börse? Nein! Ich gebe genau zwei Antworten.

Antwort eins lautet: „Weil ich immer an mich geglaubt habe." Über positive Glaubenssätze, und wie Sie dazu gelangen, haben wir gesprochen.

Antwort zwei ist: „Weil ich immer in mich investiert habe." Sie werden auf der ganzen Welt keine Geldanlage finden, die Ihnen derart viel Rendite bringt wie das Geld, das Sie in sich selbst investieren.

Auch Konto 3 hat seine Tücken. Unter langfristige Ausgaben fällt zum Beispiel das neue Auto. Das Studium für die Kinder oder das, was sie für die Schule brauchen. Die neue Küche oder das neue Badezimmer. Alles, was wir auf längere Sicht hin planen. Zehn Prozent dafür abzuzwacken ist nicht üppig – viele Menschen benötigen allein für ihren Immobilienkredit mehr Geld. Ich kenne Fälle, in denen dafür die Hälfte des monatlichen Einkommens draufgeht. Das passiert, wenn man sich ein Haus oder eine Wohnung kauft, sich das aber noch nicht leisten kann.

Sicherlich erinnern Sie sich an das Jahr 2007, als in den USA die Immobilienblase platzte, was zur weltweiten Finanzkrise führte. Was war geschehen? Ein eigenes Haus gehört zu den dringlichsten Wünschen vieler Amerikaner. Anstatt es sich zu kaufen, wenn Konto 3 gefüllt ist, sahen sie sich nach Möglichkeiten um, die Sache zu beschleunigen.

Hatte nicht der Nachbar auch gerade ein Haus gekauft? Der verdiente doch auch nicht mehr Geld. Wie hatte er das nur gemacht? Ah, er war zur Bank spaziert, die hatte geholfen. „Lass uns das auch tun, Schatz, auch wenn wir es uns nicht leisten können!"

In der Sprache der Banker nennt man das eine systematische Ausweitung von Krediten an Darlehensnehmer mit geringer Bonität. Können viele dieser Leute den Kredit aus irgendeinem Grund nicht mehr bedienen – das kann aus persönlichem Anlass heraus sein, aber auch aufgrund einer massiven wirtschaftlichen Delle –, geschieht, was geschehen muss.

Die US-amerikanische Großbank Lehmann Brothers strich als Erste die Segel. Andere folgten auf dem Fuß. Gigantische Unternehmen wie General Motors mussten Insolvenz anmelden. Die Krise schlug auf Staaten über, erste Staatsinsolvenzen drohten. Es war die Zeit, als wir mehr über den griechischen Staatshaushalt erfuhren, als uns lieb war. Das Ganze hatte seinen Ursprung darin, dass viele Menschen das Konto 3 plünderten, noch bevor es gefüllt war.

Einer meiner Kernsätze ist: Wollen Sie zehn Jahre lang ein Leben führen, bei dem Sie Ihre Ausgaben einschränken, um danach ein Leben führen zu können, in dem Sie finanzielle Freiheit genießen? Sind Sie bereit, den Preis für diese finanzielle Freiheit zu zahlen? Dann werden Sie sich kein Haus kaufen, wenn die Zeit dazu nicht reif ist, wenn Sie also das entsprechende Konto nicht aufgefüllt haben. Ich sage Ihnen frank und frei: Wenn sich alle Menschen auf der Welt an mein Sechs-Konten-Modell hielten, gäbe es weder Immobilienblasen noch Bankenzusammenbrüche noch Staatsinsolvenzen. Vor allem gäbe es keine verzweifelten Menschen mehr, die vor dem Trümmerhaufen ihrer Existenz stehen. So gesehen haben Sie es selbst in der Hand. Lassen Sie Ihre Träume wahr werden, wenn die entsprechende Traumdose gefüllt ist.

Falls Sie nun sagen, das wird mit meinem Verdienst erst am Sankt-Nimmerleins-Tag der Fall sein, kann ich Sie beruhigen. Wir sind ja zusammengekommen, damit Sie Mittel und Wege kennenlernen, wie Sie Ihre Traumdosen schneller füllen können. Allerdings nicht mit Hilfe von Konsumkrediten. Schlagen Sie sich diese Möglichkeit aus dem Kopf!

Werfen wir einen Blick aufs Konto 2, mit dem Sie Ihren Lebensunterhalt bestreiten. Dafür rate ich, 55 Prozent des Einkommens aufzuwenden.

„Moment mal“, höre ich den Einspruch. „Dazu muss ich doch wissen, welche laufenden Kosten ich im Monat habe, oder?“

So ist es! Hand aufs Herz, kennen Sie Ihre monatlichen Kosten? Was ich mir von jedem Menschen wünsche, ist eine klare Antwort, ungefähr so: „Natürlich kenne ich meine Kosten. Bei mir kommt folgende Summe zusammen: ...“

Wie oft ich so eine Antwort erhalte? So oft, wie ich einen Menschen treffe, der die ersten fünf Stellen der Kreiszahl Pi nach dem Komma auswendig weiß. Offenbar ist es vielen lästig, sich mit dem Thema monatliche Kosten herumzuschlagen.

Dabei garantiere ich Ihnen dieses wunderbar sichere Gefühl, das aufkommt, sobald wir unsere Kosten im Griff haben. Unangenehm wird die Sache, wenn Sie sich die Frage stellen müssen, wann im Monat das Geld ausgeht. Am Zwanzigsten? Oder schon früher? Diese schmerzlichen Überlegungen gehören auf einen Schlag der Vergangenheit an, wenn Sie sich für das Sechs-Konten-Modell entscheiden.

Wenn Sie sich auf den Weg machen, Ihre Ausgaben und Verbindlichkeiten zu reduzieren und gleichzeitig Ihre Vermögenswerte zu erhöhen, wird sich Ihre Welt ändern. Werfen wir daher einen Blick auf Ihre Einnahmen. Was verdienen Sie, was verdienen Sie möglicherweise dazu, welche Vermögenswerte haben Sie und was werfen diese ab? Rechnen Sie aus, wie viel Kapital Sie benötigen, damit Ihre Kosten vom Vermögen getragen werden. Die Eigentumswohnung oder das Einfamilienhaus, das Sie selbst bewohnen, ist kein Vermögenswert, da hier kein Geld in Ihre Tasche zurückfließt. Was wir herausfinden wollen, ist der Stand Ihrer finanziellen Sicherheit.

Die Rechnung dazu ist einfach. Lassen Sie mich eine Zahl nehmen, die bei den Seminarteilnehmern die durchschnittlichen Kosten im Monat repräsentiert. Das sind 2500 Euro im Monat, also 30 000 Euro im Jahr. Wenn wir nun die monatlichen Kosten von 2500 Euro mit der Zahl 150 multiplizieren, erhalten wir die Summe von 375 000 Euro. Wenn Sie diesen Vermögenswert besitzen, besitzen Sie bei den oben genannten Kosten finanzielle Sicherheit.

Wie kommen wir auf die Zahl 150? Sie steht umgerechnet für die Verzinsung von 8 Prozent pro Jahr. Wenn Sie für Ihre 375 000 Euro 8 Prozent bekommen, sind Ihre Kosten von 30 000 Euro pro Jahr gedeckt.

Es geht also zunächst einmal darum, eine gewisse Summe aufzubauen, um durch deren Verzinsung Ihre jährlichen Kosten zu deckeln. Falls Ihnen 8 Prozent pro Jahr im momentanen Zinstief zu hoch vorkommen – Sie erfahren in den folgenden Kapiteln genügend Strategien, bei denen diese Verzinsung kein Problem bedeutet.

Ich gebe zu, dass ich ein wenig stolz darauf bin, wie viele Menschen inzwischen das Sechs-Konten-Modell nutzen und damit viel Lebensqualität gewonnen haben. Je vermögender Sie werden, desto mehr werden Sie das Modell variabel einsetzen. Das tue ich auch. Wenn ich in manchen Monaten eine Million Euro verdiene, kann ich im Konto 4, dem Spaß-Konto, gar nicht so viel ausgeben. Das wären 100 000 Euro! Natürlich gibt es Leute, die eine solche Summe in dreißig Tagen auf den Kopf hauen können, doch zu denen gehöre ich nicht. Dann erhöhe ich einfach das Konto Spenden und das Konto Finanzielle Freiheit, und vergesse nie, in mich zu investieren: In meine Gesundheit und Weiterbildung, weil das die besten Investitionen sind.

Leider ist es kein Zufall, dass gut Gebildete am meisten Geld für ihre Fortbildung ausgeben, während Geringverdiener und schlecht Ausgebildete es nur in ganz geringem Umfang tun. Die Schere zwischen gut und weniger gut gebildeten Menschen öffnet sich weiter, was sich dann in Chancen und Gehältern niederschlägt. Ich kann nur an Ihre Eigeninitiative appellieren, da Papa Staat in Sachen Weiterbildung kein zuverlässiger Partner ist.

2018 ermittelte die Bertelsmann Stiftung Gesamtausgaben von knapp 27 Milliarden Euro für Weiterbildung pro Jahr für alle Bundesbürger. Nicht mal ein Viertel der Summe brachte die öffentliche Hand auf. Deshalb ist mir das Konto Weiterbildung immens wichtig.

Womit sich der Kreis zu Napoleon Hill schließt: Der Autor von „Denke nach und werde reich" stellte fest, „dass sowohl der Erfolg als auch der Misserfolg auf Gewohnheiten beruhen". Wer ständig Misserfolg hat, macht die immer gleichen Fehler. Wer dauerhaft Erfolg hat, macht immer dieselben Dinge richtig. Dazu gehört das Sechs-Konten-Modell. Sorgen Sie dafür, dass es bei Ihnen zur positiven Gewohnheit wird.

Ausdauer schlägt Talent

„Es ist nicht von Bedeutung, wie langsam du gehst, solange du nicht stehen bleibst."
Konfuzius (551 v. Chr.–479 v. Chr.), Philosoph

An diesem schönen Sommertag im Jahr 2020 bestätigt ein Anruf bei der Verbraucherzentrale: Jeder Bundesbürger gibt pro Jahr rund zweitausend Euro für Versicherungen aus. Bei 83 Millionen Einwohnern kommt eine stattliche Summe zusammen. Wie nicht anders zu erwarten war: Hierzulande boomt die Versicherungsbranche.

Ich nehme vorweg, dass ich an manchen Versicherungen kein gutes Haar lasse. Lebensversicherungen sind für mich legaler Betrug. Warum das so ist, werde ich Ihnen erzählen. Auf der deutschen Versicherungshitliste stehen diese Lebensversicherungen auf Rang sieben.

Platzhirsch in der Hitparade ist die private Haftpflichtversicherung. 83 Prozent aller Haushalte haben sie. Auf Rang zwei, knapp dahinter mit 81 Prozent, kommt die Kfz-Versicherung. Auf dem Fuß folgen Hausratversicherungen, Rechtsschutzversicherungen, private Unfallversicherungen und Berufsunfähigkeitsversicherungen. Zwar gelten wir Deutschen als überversichert, trotzdem klagt die Branche über erhebliche Versicherungslücken. Ein Schelm, wer Böses dabei denkt. Was einst der Goldrausch war, ist in unseren Tagen der Versicherungsrausch.

Als die Würfel gefallen waren, und ich mich für die Selbstständigkeit entschied, wählte ich ein Unternehmen, das zu den

Marktführern in der Vermittlung von Investmentfonds und der Beratung für private Finanzplanung gehörte. Außerdem zählten Baufinanzierungen und eben solche Versicherungen zum Kerngeschäft. Es ist in dieser Branche gang und gäbe, dass Selbstständige unter das Dach eines Unternehmens schlüpfen. Anders wäre es, zumal als Neuling, sehr viel schwieriger, seinen Kunden ein umfangreiches Produktportfolio bieten zu können. Dazu lassen sich auf diese Weise Kosten sparen. Wer jemals ein eigenes Büro eingerichtet hat, und von Möbeln über Geräte bis zur Espressomaschine alles kaufen musste, weiß, wovon ich spreche.

Daher lag mein Einstieg in die Finanzvertriebs-Holding nahe. Als börsennotiertes Unternehmen im MDAX war der Ruf der Firma ohne Fehl und Tadel. Im MDAX sind die sechzig größten deutschen Unternehmen hinsichtlich Marktkapitalisierung und Orderbuchumsatz notiert.

„Passt", dachte ich kurz und bündig, als ich am ersten Arbeitstag den Fuß über die Schwelle setzte. Schließlich hatte die Holding ihren Börsengang bereits im siebten Jahr nach Gründung geschafft. Da zu diesem Zeitpunkt der Fall Wirecard noch in ferner Zukunft lag, glaubte ich an eine goldene Zukunft. Mir war klar, dass ich hier gefordert sein würde, und das stand mir auch im Sinn. Ausgeruht hatte ich mich als Zivi mehr als genug – nun hatte ich das berauschende Gefühl, vor Energie fast zu bersten. Das war nützlich.

Rasch lernte ich die fünfzig anderen Mitarbeiter kennen, und ebenso rasch wurde deutlich: Diese waren ebenfalls hungrig, ehrgeizig und gierig auf Erfolg. Ein besseres Umfeld für Spitzenleistungen kann es nicht geben. Es kann allerdings auch kein besseres Umfeld für den grandiosen Misserfolg geben. Der Ausgang des Spiels liegt wie immer in unserer Hand.

Schaue ich auf diese Zeit zurück, fällt mir vor allem ein Satz ein: Ich habe viel gelernt. Nicht nur, was Zahlen, Fakten und Daten rund um Finanzdienstleistungen angeht, sondern übers Leben selbst. Weil es sich letzten Endes immer darum dreht: Menschen gehen ihren Berufen nach, arbeiten im Handwerk, der Industrie oder im Dienstleistungsgewerbe und zerbrechen sich den Kopf darüber, wie sie die erwirtschafteten Überschüsse sinnvoll anlegen. Sie wollen sich Wünsche erfüllen, für die Rente vorsorgen, denken ans Wohl der Familie und was zu tun ist, wenn diese wächst. Klar, geht es bei jedem Finanzprodukt darum, was am Ende unterm Strich rauskommt. Doch davor steht Wichtiges: Das Leben des Kunden, seine Herkunft, wie er die Gegenwart sieht, wie die Zukunft. So wenig, wie es zwei gleiche Schneeflocken gibt, gibt es zwei gleiche Menschen. Das ist mir als Teil eines Zwillingspaares besonders bewusst. Daher sollte man als Finanzberater seinen Kunden nicht mit standardisierten Nullachtfünfzehn-Produkten kommen – zumindest nicht, wenn man seine Sache gut oder – wie in meinem Fall – sehr gut machen will. Wer auf diese Individualität baut, muss mehr lernen als ein Vermittler formatierter Anlageoptionen.

Zu dieser Zeit gab es einen besonders versierten Mann im Unternehmen. Als er nach einem Jahr bemerkte, wie sehr ich für den Erfolg brannte, nahm er mich beiseite. „Wenn du willst", meinte er, „gebe ich dir eine Spezialausbildung."

Ob ich wollte? Das stand außer Frage! Ich schnappte mir einen Block und einen Stift und hing an seinen Lippen. Ich schrieb alles auf, was er sagte, und arbeitete es noch am Abend zu Hause durch.

Das tue ich übrigens heute noch. Manche sind verwundert, wenn sie mit mir im Meeting sitzen und ich mir ständig Notizen mache. „Du weißt doch schon mehr als die meisten anderen", höre ich dann immer wieder. Das mag sein. Ich glaube jedoch daran, dass mir jeder Mensch, mit dem ich mich über mein Lieblingsthema unterhalte, einen wertvollen Input geben kann. Meiner Meinung nach stoßen wir bald an die sogenannte gläserne Decke, wenn wir aufhören zu lernen.

Mit dem Ausdruck „gläserne Decke" wird der Zustand bezeichnet, wenn es auf dem Weg nach oben auf einmal nicht mehr weitergeht. Plötzlich ist der Stillstand da, weil die bisherigen Strategien nicht länger greifen. Bis dahin hat man es weit gebracht, und in dieser Situation wieder offen dafür zu werden, Neues zu wagen und dabei Informationen aufzusaugen wie ein Schwamm, fällt Betroffenen unendlich schwer.

Ich lasse es gar nicht so weit kommen. Da mich Neugierde antreibt, lese ich wie früher jede Menge Bücher, verfolge ständig Podcasts und besuche Seminare mit spannenden Themen. Außerdem höre ich zu – so, wie ich es in meiner Sturm-und-Drang-Zeit im Finanzvertrieb lernte. Daher ließ der Erfolg auch nicht lange auf sich warten. Der ist in dieser Branche für jeden sichtbar – der Misserfolg allerdings auch. Damit muss man erst einmal klarkommen.

Wir hatten einen Konferenzraum, in dem die sogenannte Umsatzwand stand. Die können Sie sich wie ein überdimensionales Flipchart vorstellen. Sie war magnetisch, damit bunte Plättchen haften konnten. Alle Namen der Mitarbeiter aus dem Vertrieb waren auf ihr vermerkt. Jeder, der fünftausend Euro Umsatz machte, setzte ein Plättchen hinter seinen Namen. Deren Farben standen für die Umsatzzahlen: Für die ersten fünfzigtausend Euro benutzten wir rote Plättchen. Wer gelbe verwenden konnte, steuerte auf die Duftmarke einhunderttausend Euro Umsatz zu. Die nächste Hürde waren zweihunderttausend Euro, sie wurde mit grünen Plättchen markiert. Anders als in amerikanischen Spielcasinos, wo die New-Jersey-Casino-Kontrollkommission zwingend vorschreibt, dass senfgelbe Jetons den höchsten Wert darstellen, waren es bei uns die blauen Plättchen – schließlich beschäftigten wir uns ja nicht mit Glücksspiel. Wer blaue Plättchen an die Umsatzwand heften konnte, war dabei, die zweihundertfünfzigtausend Euro Umsatzmarke zu knacken.

Um die Sache noch wettbewerbsorientierter zu gestalten, stand der aktuelle Umsatzkönig immer an oberster Stelle. Wurde er abgelöst, durfte der neue König seinen Namen und seine Plättchen dort anbringen. Wer immer den Raum betrat, sah auf einen Blick den Tabellenführer.

Saßen wir in einem Meeting, gab es die Flachsereien, wie ich sie als ambitionierter Sportler aus der Trainingshalle kannte. „Was ist los bei dir?", hieß es zu jenem, der ein paar Plätze nach unten gerutscht war. „Da kommt wohl nichts mehr. Tote Hose, hab ich recht?"

Bis auf den Betroffenen lachten alle. Solche markigen Sprüche konnten den einen anspornen, den anderen jedoch in seiner Entwicklung behindern. Zu ändern war es nicht, denn so lauteten die Spielregeln. Mir machte dieses Geplänkel nichts aus, wenn ich selbst zur Zielscheibe wurde. Im Gegenteil: Es spornte mich so an, wie wenn uns beim Handball in einer gegnerischen Halle die einheimischen Zuschauer gnadenlos auspfiffen. Dann lief ich ebenfalls zur großen Form auf. Zwar kam es selten vor, dass ich auf der Umsatztabelle einen Rang einbüßte, doch war das der Fall, setzte ich alles daran, ihn zurückzuerobern und mich weiter nach oben zu verbessern.

Neben den fünfzig Leuten bei uns in Hamburg gab es in der Holding weitere 2700 Frauen und Männer, die derselben Aufgabe nachgingen. Auch sie zählten zu den internen Konkurrenten. Bald stand mein Name nicht nur bei uns an der Alster an oberster Stelle der Umsatztabelle. Ich stieg in die deutsche Top Ten auf. Es machte mir Spaß, meine Kunden optimal zu versorgen, und es machte mir genauso viel Spaß, unsere Produkte zu verbessern. Dabei entwickelte ich Ideen, die ich anschließend mit den Finanzmathematikern und Volkswirten aus dem Unternehmen besprach.

Es ist ein langer Weg, bis aus so einer Idee ein Produkt mit Marktreife entsteht und in einen für Kunden nachvollziehbaren Tarif umgerechnet werden kann. Nach und nach baute ich mir ein eigenes Team auf, das am Ende vierzig Mitarbeiter umfasste. Damals lernte ich die Grundlagen der Mitarbeiterführung und sah auch das von einem sportlichen Blickwinkel aus.

Haben Sie sich schon einmal gefragt, wie es sein kann, dass ein Team erstklassiger Fußballspieler Woche für Woche erbärmliche Leistungen bringt und Richtung Tabellenende rutscht. Dann wird der Trainer ausgewechselt, und plötzlich fährt die Mannschaft Sieg um Sieg ein. Es ist dasselbe Spiel, es gelten dieselben Regeln und es stehen dieselben Leute auf dem Platz. Offenbar weiß der neue Mann auf der Trainerbank die Knöpfe der Spieler besser zu drücken als sein Vorgänger. Allein das ist entscheidend, wenn es darum geht, aus einer Ansammlung von Spielern – oder eben Mitarbeitern – eine Mannschaft zu formen, deren Gesamtstärke größer ist als die Summe der individuellen Stärken aller Teilnehmer. Vertrauen, Loyalität und Respekt sind die Säulen dieses erfolgreichen Team-Buildings – mich damit zu beschäftigen, brachte mir viel Freude ein.

Immer wieder dachte ich an die lähmenden Monate als Zivildienstleistender zurück. Jetzt wurde mir bewusst, warum man oft davon spricht, was wir von schlechten Beispielen lernen können. Der cholerische Hausmeister und der oberste Boss hatten alles vermissen lassen, was mit Vertrauen, Loyalität und Respekt zusammenhängt. Deshalb hatte es dort kein Wir-Gefühl geben können. Die meisten Mitarbeiter hatten bereits innerlich gekündigt, die interne Krankheitsliste war ewig lang. Fehlzeiten sind immer ein deutlicher Index, wie es um die Moral einer Firma steht.

Vor der Coronapandemie waren Arbeitnehmerinnen und Arbeitnehmer in Deutschland durchschnittlich 10,6 Arbeitstage krankgemeldet. Es gibt keine vernünftige Statistik über die Zahl der Arbeitstage, die Selbstständige pro Jahr krank sind, doch es gibt eine Umfrage der Krankenkassen, die belegt, dass sie deutlich weniger zum Arzt gehen. Bei angestellten Frauen ist das siebzehnmal pro Jahr und bei Männern zwölfmal. Bei Selbstständigen stehen nur sieben beziehungsweise fünf Arztbesuche zu Buche. Nehme ich meine eigenen Fehlzeiten in dieser Zeit, tendieren sie gegen null. Ich achtete auf meine Gesundheit, doch das allein war nicht der ausschlaggebende Punkt. Ich war bis in die Haarspitzen motiviert, was dafür sorgte, dass ich in diesen Jahren im Rekordtempo von Erfolg zu Erfolg eilen konnte.

Heute spreche ich in jedem Seminar den Satz aus: „Bist du bereit, den Preis zu bezahlen?"

Das ist die goldene Regel: Wir leben in einer dualistischen Welt, in der sich die Kräfte ausgleichen. Die einen nennen es Yin und Yang, andere finden sonstige Namen dafür. Über kaum eine andere Sache wurden im Lauf der Menschheitsgeschichte mehr Bücher verfasst als über den Dualismus.

Aus meinen Lebenserfahrungen entsprang der Satz, „Bist du bereit, den Preis dafür zu bezahlen?", der nichts anderes ausdrückt, als dass aus allem, was wir tun oder nicht tun, sagen oder nicht sagen, denken oder nicht denken, auch Konsequenzen folgen. Manchmal wende ich mich mit diesem Spruch an besonders ehrgeizige Teilnehmer. Wenn sie richtig Gas geben, dürfen sie wissen, dass es Auswirkungen hat – nicht nur auf ihr Portfolio, sondern – um ein Beispiel zu nennen – auf ihr Privatleben. Wir können das eine nicht vom anderen trennen, ist die Basiserkenntnis der dualen Welt.

Das war es, was ich in dieser wilden Epoche neben allen anderen Dingen lernte. Bald gehörte ich zu den Erfolgreichsten in Deutschland – nicht, weil ich mehr Talent mitbrachte als die anderen, sondern weil ich mehr Ausdauer an den Tag legte und niemals stehen blieb.

Nun wurde es Zeit, mir darüber klar zu werden, ob ich bereit war, auch den Preis dafür zu bezahlen.

Für das, was ich nun schreibe, sollte ich mich mit Lindenblütentee wappnen, oder sonst etwas, das die Nerven beruhigt. So ruhig und ausgeglichen, wie ich an der Börse investiere – ganz nach dem Motto von Warren Buffett, dass der Puls nicht erhöht sein darf beim Traden –, so sehr kommt mein Blut in Wallung, wenn ich über das legale Betrugssystem der Lebensversicherungen spreche. Habe etwa ich diesen Begriff erfunden? Nicht doch, dass haben schon andere vor mir getan.

1982 hat der Bund der Versicherten diese Produkte als legalen Betrug verurteilt. Seither floss viel Wasser die Elbe hinab in die Nordsee, und es hat sich nichts geändert. Zwar wird diese Branche in regelmäßigen Abständen zum Untergang verurteilt, weil Lebensversicherungen zu wenig Rendite abwerfen – der aktuelle Garantiezins für Neuverträge liegt bei 0,9 Prozent –, doch Totgesagte leben länger. Zwar gibt es Versicherungsgesellschaften, denen das Wasser bis zum Hals steht, trotzdem zählte der Gesamtverband der Deutschen Versicherungswirtschaft GDV im Jahr 2019 87,1 Millionen Verträge.

Als ich meine Maurerlehre begann, kam ich zum ersten Mal damit in Berührung. Ein Freund meines Vaters empfahl den Abschluss einer Lebensversicherung, damit ich meine Rentenlücke decken könnte. Da war der berühmte Satz „Die Rente ist sicher" von Norbert Blüm, in der Regierung Helmut Kohl Bundesminister für Arbeit und Sozialordnung, gerade ein paar Jahre alt. Wohl kein anderer politischer Spruch hat sich derart in die Köpfe der Deutschen eingebrannt wie dieser. Er musste ausgesprochen werden, weil die Kohl-Regierung die Absenkung des Rentenniveaus von

70 auf 64 Prozent plante. Mit „Die Rente ist sicher“ wollte man die Leute beruhigen.

In meinen Vertrag zahlte ich pro Monat 110 DM ein, was im Jahr 1320 DM macht. Er sollte über 40 Jahre laufen, ich hätte am Ende 52 800 DM eingezahlt. Der Garantiewert und die Überschüsse ergeben in solchen Verträgen das sogenannte Ablaufergebnis, und das sollte bei mir 104 000 DM sein. In 40 Jahren hätte sich meine Investition verdoppelt.

Formulieren wir den Satz andersherum, sieht die Sache so aus: Bei einer Inflation von zwei Prozent im Jahr wäre die Verdoppelung vom Kaufkraftverlust schlichtweg weggefressen worden.

Wie kommt es, dass Lebensversicherungen gerade in Deutschland eine unvergleichliche Erfolgsgeschichte schreiben? Das hat mit unserer besonderen Historie zu tun. Drei große Kriege schlugen in einer Zeitspanne von nur siebzig Jahren zu Buche, beginnend mit dem Deutsch-Französischen Krieg von 1870. Er hatte die deutsche Reichsgründung zur Folge, und mit ihr die erste von insgesamt sieben Währungsreformen.

Bei der von 1871 ging es darum, verschiedene Währungen wie Taler, Gulden, Kreuzer und Groschen der Länder, aus denen Deutschland werden sollte, zu vereinheitlichen. Die Mark, die entstand, überdauerte den 1. Weltkrieg, aber fand ihr Ende mit der Währungsreform 1924. Damals herrschte Hyperinflation. Es war die Zeit, als Menschen mit einer Schubkarre voller Geld loszogen, um sich ein Brot zu kaufen. Damals wurden aus einer Billion Mark eine Rentenmark gemacht.

Dann kam der 2. Weltkrieg. 1948 erfolgte die nächste Währungsreform in den drei von den Alliierten besetzten Westzonen. Dort erblickte die D-Mark das Licht der Welt. Später folgte die Ostmark in der Sowjetischen Besatzungszone.

Nach dem Vertrag über eine Währungsunion wurde 1990 die D-Mark im Vorfeld der Wiedervereinigung in der DDR eingeführt.

Das war die nächste Währungsreform auf deutschem Boden, mit der eine Forderung der DDR-Demonstranten erfüllt wurde. „Kommt die D-Mark, bleiben wir, kommt sie nicht, gehen wir zu ihr“, hatte ihre Drohung gelautet. Nun wurden Löhne, Gehälter, Renten, Mieten und wiederkehrende Zahlungen eins zu eins umgestellt, bei Bargeld und Bankguthaben gab es komplizierte Regelungen. 27,5 Milliarden DM wurden in diesen Tagen in 22 000 Beuteln aus dem Westen in die DDR transportiert, aus Mangel an gepanzerten Fahrzeugen auch mal in Gefangenentransportern der Volkspolizei.

Neun Jahre später erfolgte die nächste Währungsunion – die nach offiziellen Bekundungen keine war, sondern eine Währungsumstellung. Viele Menschen in Deutschland sahen aber als Währungsreform an, was zwischen 1999 und 2002 geschah: Die Einführung des Euro, verbunden mit dem Verlust der Deutschen Mark als europäische Leitwährung.

Weshalb ist das wichtig, und was hat das alles mit Lebensversicherungen zu tun? Jede Währungsreform bringt Unsicherheiten und Ängste mit sich. „Ist mein Erspartes morgen noch was wert?“, lautet die zentrale Frage. „Oder sorgen ‚die da oben‘ dafür, dass alles futsch ist?“

Wie viele Menschen in meinem Alter habe ich durch meine Oma diese Sorgen kennengelernt, die jede Währungsreform schafft. „Von heute auf morgen war unser Geld nichts mehr wert“, pflegte sie zu sagen.

Es ist nur logisch, dass aus diesen Erfahrungen heraus eine große Nachfrage nach Sicherheit entstand. In die Bresche sprang die Lebensversicherung. Allein ihr Name sagt alles: „Mit mir ist dein Leben versichert“, verspricht sie. „Nichts kann dir passieren!“

Wer will es den Deutschen verübeln, dass sie Vertrag um Vertrag abschlossen und es mittlerweile mehr Lebensversicherungen gibt als Bundesbürger?

Doch halt, sagen da manche: Leben wir seit 1945 nicht in Frieden? 75 Jahre ohne Kriegshandlungen am Stück gab es doch noch nie. Können wir nicht ganz entspannt sein? Und die Lebensversicherungen vergessen? Offenbar nicht, denn wir schließen sie weiterhin in Massen ab. Das liegt an dem Phänomen, dass Angst vererbt werden kann. Unsere Mütter und Väter, Großmütter und Großväter, Urgroßmütter und Urgroßväter hatten allen Grund für ihre Angst. Wir haben sie von ihnen übernommen.

Verkäufer von Lebensversicherungen können sich also die Hände reiben. Ein Blick in den deutschen Dax genügt: Nummer vier, was den Börsenwert angeht, ist die Allianz – noch vor den Autobauern VW, Daimler und BMW. Neben Vermögensverwaltung und Schaden- und Unfallversicherung ist das Geschäft mit Lebensversicherungen der größte Geschäftszweig des Unternehmens, das 1890 in München gegründet wurde. Und das, obwohl dieses Produkt in meinen Augen eine Nullnummer ist.

Selbst in den Neunzigerjahren, als sich Anbieter von Lebensversicherungen damit brüsteten, vier Prozent Zinsen zu zahlen, kamen nur 0,5 Prozent Zinsen heraus. Der Rest floss in Abschlussgebühren, Stornohaftung, Verwaltungskosten, Stückkosten, Todesfallkosten und was der Kunde sonst noch alles zu bezahlen hatte. Als ich zum Taschenrechner griff, um bei der Lebensversicherung, die der Freund meines Vaters empfohlen hatte, die Kosten auszurechnen, kam ich auf die schwindelerregende Quote von über zwanzig Prozent.

„Denken Sie an die Steuervergünstigung", quakte der Vermittler, als ich ihn empört darauf ansprach.

„Steuervergünstigungen bei null Rendite?", gab ich zurück. „Da versaufe ich lieber mein Geld!"

Damals war ich jung und der Zorn sprach aus mir. Ich war jedoch klug genug, mein Geld weder zu versaufen noch zu verzocken, sondern in lukrativen Alternativen anzulegen.

Nehmen wir Lebensversicherungen genauer unter die Lupe, merken wir schnell, warum mit ihnen kein Blumentopf zu gewinnen ist. Auch Sparbuch, Tagesgeldkonto oder Bausparvertrag zielen auf die vermeintliche Sicherheit ab. Alles sind Geldwerte, bei denen wir per Vertrag unser Geld an einen Dritten abgeben, ohne zu wissen, was er damit anstellt.

Bei Lebensversicherungen gibt es zwei Arten: Die einen nennen sich kapitalbildende und die anderen fondsgebundene Lebensversicherungen. Die zweiten investieren Geld unter anderem in Aktienfonds – immerhin, denn da ist die Renditeerwartung höher als bei der kapitalbildenden, die per Gesetz nur dreißig Prozent des Geldes in Aktien anlegen dürfen. Daher kaufen die Versicherungsgesellschaften vor allem Staatsanleihen und festverzinsliche Wertpapiere auf. Auch die Boni und Schlussüberschüsse sind oft das Papier nicht wert, auf dem sie stehen. Einige Gerichtsurteile der jüngeren Zeit haben die Berechnungen der Versicherungen geradezu zerpflückt.

Als ob das nicht reicht, stimmen in manchen Fällen nicht mal die berechneten Endergebnisse. Es kann sich lohnen, die eigene Lebensversicherung von einem unabhängigen Gutachter kalkulieren zu lassen.

Schließt ein junger Mensch eine Lebensversicherung ab und zahlt monatlich 100 Euro ein, also 1200 Euro im Jahr, kommt er nach 40 Jahren auf die Summe von 48 000 Euro. Aus meiner Zeit in der Holding kenne ich die Abschlussgebühren gut genug – es sind damals wie heute rund fünf Prozent, die an den Vertrieb ausgeschüttet werden.

Das ist eine Menge Holz, und daher ist es für jeden Vermittler wichtig, dass vom Kunden wenigstens die ersten fünf bis zehn Jahre des Vertrags eingehalten werden. Also wird der gewiefte Vermittler vorschlagen, den Vertrag mit einer Dynamik zu versehen, mit dem guten – oder schlechten? – Argument, dass das Geld sonst inflationsbedingt an Wert verliert. Mit der Dynamik passt sich der Vertrag automatisch an die Höhe des hoffentlich wachsenden Einkommens des Kunden an. Viele Kunden nicken zufrieden und übersehen dabei, dass dann erneut Abschlussgebühren anfallen.

Bei obigem Vertrag mit 100 Euro und einer Dynamik von 3 Prozent sind es 3 Euro im Monat, mal 12 ergibt 36 Euro im Jahr. Über die nächsten 40 Jahre sind das vereinfacht 1500 Euro, von denen wieder 5 Prozent Abschlusskosten weggehen. Macht summa summarum 70 Euro Gebühren. Setzen wir diese 70 Euro ins Verhältnis zu den 3 Euro Mehrkosten im Monat, verliert der Kunde erneut zwei Jahre lang sein Geld. Zusätzlich erhält der Vermittler eine Bestandsprovision dafür, dass er Sie betreut.

Sind Sie unterwegs ausgestiegen aus der elenden Rechnerei? Wenn ja, geht es Ihnen wie den meisten Menschen. Wenn nein, kann ich Ihnen nur gratulieren, denn Sie lassen sich offenbar nicht so leicht hinters Licht führen. Wenn ich auf meinen Seminaren die Frage stelle: „Wer sollte am besten für Ihr Geld verantwortlich sein?“, und die Antwort lautet: „Ich selbst“, ist das gleichzeitig mein Plädoyer zur Selbstverantwortung. Diese Selbstverantwortung in Sachen Geld zeigen wir, wenn wir obige Rechnerei nicht elend nennen, sondern notwendig. Noch besser ist lustbetont. So nennt es der Trader und Psychologe Norman Welz.

Wenn wir von einer Sache begeistert sind und Lust darauf verspüren, wird Selbstverantwortung eine Selbstverständlichkeit. Dann tanzen unsere Finger Rumba auf dem Taschenrechner!

Konkret rate ich Ihnen, Ihre Lebensversicherung nicht gleich zu kündigen, auch wenn Ihnen möglicherweise jetzt der Sinn danach steht. Lassen Sie sich erst von einem unabhängigen Experten drei Möglichkeiten durchrechnen: Sie zahlen den Vertrag durch – was kommt am Ende dabei heraus? Sie stellen den Betrag beitragsfrei – welche Zahl steht dann unterm Strich? Sie kündigen – was bekommen Sie als Rückkaufswert zurück? Schreiben Sie außerdem Ihre Gesellschaft an und bitten Sie um eine genaue Aufstellung der Kostenstruktur in Ihrem Vertrag, und um die Angabe, wie viel Prozent der eingezahlten Summe tatsächlich angelegt wird. Damit beweisen Sie Eigeninitiative und Selbstverantwortung.

Dazu empfehle ich Ihnen eine Risikolebensversicherung rein für den Todesfall. Die sind deutlich günstiger und Sie koppeln dadurch den Vermögensaufbau von der Lebensversicherung ab. Denn das sollte Ihr Ziel sein.

Risikolebensversicherungen sind vor allem für Alleinverdiener sinnvoll, wenn es noch Schulden für das finanzierte Eigenheim gibt und Kinder im Haus sind. Die Rechnung heißt, dass nach dem Ableben die Schulden getilgt sind und mindestens 250 000 Euro zur Verfügung stehen.

Was ich von Stephen King lernte

Es gilt am Ende doch nur: Vorwärts!
Johann Wolfgang von Goethe, (1749–1832), Dichter und Naturforscher

---

Ich bin das, was man einen häuslichen Menschen nennt. Meine Familie und meine Berufung als Beruf genügen mir vollständig, um rundum glücklich zu sein. Ich muss mich nicht mit Bungee-Jumping stimulieren und hege auch keine Ambitionen, im fortgeschrittenen Alter den Mount Everest zu besteigen, um von dort oben mit einem Selfie mein soziales Umfeld zu beglücken. Ich brauche keine aufputschenden Mittel und ähnle auch darin dem „Wolf of Wallstreet" so wenig wie sonst dem Klischee des vom Erfolgsdruck zerfressenen Börsianers. Mein Puls ist so ruhig, dass manche Menschen mich fragen: „Wie machst du das in deinem Job?"

Darüber spreche ich oft in meinen Seminaren, beginnend mit Warren Buffetts unsterblicher Weisheit, dass man sich an der Börse von seinen Emotionen trennen soll, weil die einen sonst vom Geld trennen. Das können nicht alle auf die Schnelle umsetzen – der ruhige Puls ist wie vieles im Leben eine Sache des Trainings.

Ich habe es mir von Beginn meiner Karriere an zu eigen gemacht, den Feierabend am liebsten im Kreise der Familie zu verbringen. Dann sitze ich mit meiner Frau auf dem Sofa, und wir reden darüber, was der Tag gebracht hat. Für mich ist Yana eine wichtige Ratgeberin. Da sie mit der Börse wenig am Hut hat, kann es auch nicht passieren, dass ihr Scheuklappen den

Blick versperren. Mit der frischen Beobachtungsgabe von außen ist sie in der Lage, Situationen, die eine Entscheidung benötigen, rasch und vollständig zu erfassen.

Als man Stephen King, den Schriftsteller mit den meisten Buchverkäufen auf diesem Planeten, einmal fragte, was die Grundlage seines Megaerfolgs sei, hatte er einige Antworten parat, die auf das Handwerk des Autors zielten. Dann machte er eine Pause und fügte hinzu: „And stay married, be healthy, and live a good life" – „Bleib verheiratet und gesund, und führe ein gutes Leben." Ohne eine stabile Partnerschaft, sagte er, wäre er niemals in der Lage, derart konzentriert und diszipliniert seinem Beruf nachzugehen. Das kann ich nur bestätigen. Wer durch persönliche Krisen irgendwelcher Art von seinen Zielen abgelenkt ist, verliert letztere aus den Augen, während die Konkurrenz vorbeizieht. Ich denke, das leuchtet jedem ein.

Auch der Abend, als ich eine bedeutende Entscheidung in meinem Leben fällte, fiel daher nicht aus dem Rahmen. Ich hatte es mir mit Yana auf dem Sofa bequem gemacht, und wir sprachen über das, was keiner von uns sehen kann, nämlich über die Zukunft. Auch da halte ich es gerne mit André Kostolany: „Was morgen sein wird, weiß auch ich nicht", schreibt er altersweise in seinem Buch „Die Kunst, über Geld nachzudenken", „doch ich weiß, was gestern war und heute ist. Und das ist schon eine ganze Menge, denn viele meiner Kollegen wissen nicht einmal das."

Darin liegt ein wertvoller Ratschlag: Wenn wir uns mit dem Morgen beschäftigen wollen, ist es erst einmal wichtig, die Fakten von gestern und heute auf den Tisch zu legen.

Genau das tat ich. Ich war jetzt 28 Jahre alt, glücklich verheiratet, hatte ein Haus gebaut, und wir wollten Kinder. Diesen Fakten gegenüber trat mein Palm, der vor uns auf dem

Tisch lag. Das war der zu dieser Zeit modernste Organizer, der mir auf Knopfdruck sagte, was ich bereits wusste.

„Ich arbeite 45 Stunden in der Woche, noch bevor ich einen Kunden sehe", sagte ich zu Yana.

Was ist der Unterschied zwischen einem Selbstständigen und einem Angestellten? Die Freiheit, eigenständige Entscheidungen zu treffen, rufen viele Seminarteilnehmer, wenn ich diese Frage stelle. Diese Antwort ist richtig, doch ich ziele auf etwas noch Wichtigeres ab: Wenn der Angestellte zur Arbeit geht, liegt die Arbeit für ihn bereit. Auch um die notwendigen Mittel, sie ausführen zu können, muss er sich keine Gedanken machen. Oder haben Sie jemals von einem Mann gehört, der in der Autoindustrie Türdichtungen fixiert, und den Industrieroboter, der ihn dabei unterstützt, zur Schicht selbst mitbringt? Nein, das ist die Aufgabe seines Arbeitgebers. Wenn alles läuft, wie es laufen soll, verliert unser Mann am Band nicht einmal einen Gedanken darüber, ob Kollege Roboter da ist. Wenn er seine Arbeit beendet, geht er nach Hause und lässt besagte Arbeit ruhen – im Ruhrpott der alten Tage hieß es dann: „Jetzt ist Schicht im Schacht."

Beim Selbstständigen ist niemals Schicht im Schacht. Der Gemüsehändler an der Ecke geht nach Ladenschluss mit Argusaugen durch sein Geschäft. Wo fehlt etwas, das eingeräumt oder bestellt werden muss? Was ist in der Kasse? Stimmt die Buchhaltung? Am nächsten Morgen beginnt für ihn die Arbeit, lange bevor er seinen Laden öffnet auf dem Großmarkt oder beim örtlichen Lieferanten.

Im Laufe meiner Karriere stieß ich auf viele Menschen, die den Plan hegten, sich selbstständig zu machen. Einer erstaunlichen Anzahl von ihnen war nicht klar, dass es neben der eigentlichen Arbeit die Vor- und Nachbereitung gibt, was dazu beiträgt, dass Selbstständige pro Woche statistisch gesehen zehn Stunden länger arbeiten müssen als Arbeitnehmer.

Dieses Phänomen von Arbeitsbeschaffung und Arbeitsnachbereitung bereitete auch mir zu dieser Zeit Kopfschmerzen. Geld verdiente ich durch den Kontakt mit den Kunden. Die nackte Zahl im Display meines Organizers wies nach, dass ich jedoch schon 45 Wochenstunden absolviert hatte, bevor es ans Geldverdienen ging.

Obwohl ich sehr erfolgreich war, war ich nicht als Drängler bekannt. Unter diesen Begriff fielen Kollegen, die beim Kunden Druck ausübten, damit er sich überhastet entschied. Ich hatte meist drei bis vier Kundentermine, bis die Entscheidung fiel. Das konnte man nicht gerade überhastet nennen. Beim ersten Gespräch ging es ums Kennenlernen. Stimmte die Chemie zwischen mir und dem Kunden in spe? Ich schulte mich darin, mein Bewusstsein in dieser Hinsicht zu schärfen. Heute brauche ich nur den Bruchteil einer Sekunde, um mir absolut sicher zu sein, ob ich mit einem Menschen zusammenarbeiten möchte oder nicht.

Im zweiten Gespräch präsentierte ich dem potenziellen Kunden mein Portfolio. Wo waren seine Lücken in der Versorgung? Was könnten wir gemeinsam besser machen? Meine Finger tanzten besagte Rumba auf dem Taschenrechner, weil ich wollte, dass Menschen, die mir vertrauten, einen spürbaren Vorteil durch meine Arbeit erfuhren.

Trotzdem zögerten viele von ihnen, was nur menschlich ist. Psychologen sprechen von der kognitiven Dissonanz nach dem Kaufabschluss, wenn wir deutliches Unbehagen spüren, sobald Geld von unserem Konto oder aus dem Geldbeutel in die Tasche eines Händlers wandert und wir nicht sicher sind, ob wir den Kauf hätten tätigen sollen. „War das jetzt eine gute Idee?", meckert das Teufelchen in unserem Kopf und hat auch die Antwort parat: „War es nicht! Du Kretin hast wieder dein Geld zum Fenster rausgeschmissen!"

Deshalb kam es oft zu einem dritten und vierten Gespräch. Rechnete ich das mit Terminen zusammen, bei denen kein Abschluss zustande kam, brauchte ich im Durchschnitt bis zu sechs Termine, um ein Geschäft abzuschließen. Das war eine enorme Zeit- und Geldinvestition. Ein Kollege, der in der Hierarchie des Unternehmens über mir stand, rechnete mir bei einem Bier vor, dass von seinen monatlichen Einnahmen von vierzigtausend Euro nur fünftausend Euro übrig blieben. Der Rest ging drauf für Investitionen wie Infoabende, Übernachtungen, Fahrten und vieles mehr.

„Das Los der Selbstständigen", entgegnete ich. Doch das war nur die halbe Wahrheit. Es war das Los der Selbstständigen in dieser Firma. Meine Zahlen sahen zwar gut aus, doch an einer Sache ließ sich nicht rütteln: Am Zeitfaktor würde sich niemals etwas ändern, wenn meine Karriere weiterhin in Siebenmeilenstiefeln voranschritt. Im Gegenteil: Ich würde noch mehr Zeit aufbringen müssen.

„Tausche Zeit gegen Geld", heißt der gordische Knoten, den viele meiner Seminarteilnehmer aus leidiger Erfahrung kennen. Unsere Zeit ist endlich, das Geld ist es nicht. Daher ist dieser Knoten nur zu lösen, wie es der Sage nach Alexander der Große tat: Statt wie alle vor ihm am Versuch zu scheitern, den gordischen Knoten mühevoll aufzuknüpfen, durchschlug er ihn beherzt mit seinem Schwert.

Als Repräsentanzleiter war ich verpflichtet, pro Halbjahr fünf Millionen Euro Volumen zu erbringen. Bei der Ernennung hatte mir mein Mentor herzlich gratuliert, um im selben Atemzug hinzuzufügen: „Jetzt musst du noch mehr reinhauen. Wenn du Branchmanager werden willst, musst du zehn Millionen im Halbjahr machen."

„Branchmanager ist der nächste Schritt", erläuterte ich Yana. „Dem folgt der Regionalmanager. Der macht zwanzig

Millionen. Der Divisionalmanager macht fünfundvierzig Millionen und der Generalmanager neunzig Millionen. Immer pro Halbjahr."

Yana lächelte sanft. „Dann ist Schluss?"

„Ja, zum Generalmanager muss man ernannt werden. Das dauert in der Regel zehn bis zwölf Jahre. Dann bringe ich zwischen dreißig- und hunderttausend Euro im Monat nach Hause, habe aber sehr viel Zeit dafür gebraucht." Ich holte tief Luft, denn das war es, was mich am meisten beschäftigte: Diese Formel „Tausche Zeit gegen Geld".

Damals war ich im Unternehmerbeirat der Holding als Gast gewesen. Das war ein erlauchter Kreis aus achtzehn erfolgreichen Managern. Meine Anwesenheit sollte mich an höhere Aufgaben heranführen. Ich hatte mir diese Leute angesehen und mich gefragt: „Ulli, willst du werden wie die?"

Tatsächlich ging es in diesem Kreis immer wieder darum, wie man den leidigen Zeitfaktor beeinflussen konnte. In dem man den Druck auf die Kunden erhöhte, um sie in die gewünschte Richtung zu manipulieren. Mir wurde klar, dass meine Philosophie von Geschäftserfolg anders war. Ich freute mich darüber, zu meinen Kunden und Mitarbeitern ein offenes und herzliches Verhältnis zu pflegen.

Entscheidungen zu treffen ist für manche Menschen keine leichte Sache. Am einfachsten ist es, wenn es sogenannte Vermeidungs-Vermeidungs-Entscheidungen sind. Das sind solche zwischen zwei Angelegenheiten, die beide unangenehm sind. Bei diesen Pest-oder-Cholera-Entscheidungen wählt die Mehrzahl aller Menschen das subjektiv weniger schlimme Übel.

Schwerer zu treffen sind Annäherungs-Annäherungs-Entscheidungen: Das sind Entscheidungen zwischen zwei Dingen, die angenehm sind. Wenn Sie am Jahresende auf zwei tolle Silvesterpartys eingeladen werden, haben Sie ein typisches

Beispiel des Annäherungs-Annäherungs-Konflikts. Wie kommen erfolgreiche Menschen zu einer Entscheidung, auf die kein Bauchgrimmen in Form von kognitiven Dissonanzen folgt? Das klappt nur, weil sie ihr klares Ziel stets vor Augen haben. Und mein Ziel lautete nach wie vor: Ich will sehr reich werden.

Bis zu diesem Tag hatte ich eine Menge Input in die Firma eingebracht und im Gegenzug sehr viel lernen dürfen. Von Mitarbeiterführung über den Aufbau eines Vertriebssystems bis zur Buchhaltung hatte ich wertvolle Erfahrungen gemacht. Der Preis, den ich dafür zahlen musste, hieß viel Arbeit und kaum Zeit für die Familie. Bisher war ich bereit gewesen, den Preis zu bezahlen, nach dem Gespräch mit Yana nicht mehr. Nun galt es, einen gordischen Knoten zu lösen.

Mein Tipp: Probieren Sie erst gar nicht, ihn aufzuknüpfen. Machen Sie es wie Alexander der Große und hauen Sie ihn entzwei. Das hatte auch ich vor.

„Ich führe morgen ein Gespräch", sagte ich zu Yana. „Da werde ich alles regeln." Auf einmal spürte ich wieder dieses wunderbare Prickeln, das aufkommt, wenn neue aufregende Zeiten anbrechen.

Wenn eine neue aufregende Zeit anbricht, ist es nur recht und billig, zu dem Thema zu kommen, das uns unter den Nägeln brennt. Bis jetzt haben wir über die Wichtigkeit des guten Haushaltens gesprochen, und uns darüber unterhalten, wovon Sie bei der Geldanlage die Finger lassen sollten. Höchste Zeit, Butter bei die Fische zu geben und übers Geldverdienen zu sprechen.

Auch wenn ich hin und wieder in Sachwerte investiere und auch Immobilien besitze, soll es hier einzig und allein um Aktien gehen. Um sie dreht sich meine Welt, weil wir nur mit Aktien Vermögenswerte erzielen, die weit über das hinausgehen, wovon viele Menschen nicht einmal zu träumen wagen. Falls Sie einen Stift zur Hand haben, unterstreichen Sie bitte mein Lieblingswort: Vermögenswerte.

Es lohnt sich immer wieder, Ausdrücke wie diesen genauer unter die Lupe zu nehmen. In „Vermögenswerte" steckt das Vermögen drin. Und es steckt der Wert drin. Es gibt viele Synonyme für Vermögen. Sie drücken aus, was zur finanziellen Freiheit führt und damit zur ultimativen persönlichen Freiheit: Besitz, Eigentum, Gelder, Güter, Kapital, Reichtümer, Schätze – das meine ich, wenn ich von Vermögen sprechen.

Niemals nehme ich Worte wie Kohle, Asche, Flocken, Heu, Pulver oder Bimbes in den Mund, wenn ich über Geld spreche. Es widert mich geradezu an, diese Begriffe aufzuschreiben. Kohle verbrennt, Asche verfliegt – wer auf diese Weise über sein Geld spricht, hat den negativen Glaubenssatz mit eingepackt.

Anders ist es bei Vermögenswerten. Über das glanzvolle Wort Vermögen haben wir gesprochen, was gibt es zum Wert zu sagen? Schauen wir bei Kostolany nach: „Geld ist der Wertmaßstab der freien Welt", sagte er. Aus diesem Satz spricht die ganze Erfahrung eines Mannes, der den Kapitalismus und den Kommunismus so gut kennenlernte wie kaum einer vor ihm. Deshalb nennen wir eine Aktie auch Wertpapier, weil sie den Wert eines Unternehmens widerspiegelt – manchmal etwas zu hoch, manchmal etwas zu niedrig und manchmal ziemlich genau. Wäre es anders – wenn es keine Volatilität, also Kursschwankungen gäbe –, bräuchten wir die Börse nicht, sondern nur einen festen Preis für jede Aktie.

Im Begriff Wert steckt noch mehr. Denken Sie an Oscar Wilde: „Das Durchschnittliche gibt der Welt ihren Bestand, das Außergewöhnliche ihren Wert", sagte der Mann, der selbst in allen Belangen außergewöhnlich war.

Den Unterschied zwischen durchschnittlich und außergewöhnlich kennt der Aktienhändler. Werfen wir einen Blick auf eine außergewöhnliche Firma wie – Coca-Cola. Staunen Sie? Fragen Sie sich, was an Coca-Cola außergewöhnlich sein soll? Die stellen nur süße Brause her, mehr nicht. Keine Raketen, die zum Mars fliegen, oder selbst fahrende Autos, die ohne Benzin auskommen.

Genau deshalb will ich mit Ihnen über die Aktie des Mutterkonzerns Coca-Cola Company sprechen. Die ging 1919 an die New Yorker Börse. Hätten Sie damals eine Aktie gekauft, dann Kostolanys Rat befolgt und sich mittels einer Schlaftablette in Schlummer versetzt, der – Wunder der Wissenschaft – bis heute angedauert hätte, dann wären Sie jetzt bei einer Reinvestition der ausgezahlten Dividenden um fast zehn Millionen US-Dollar reicher.

Mit anderen Worten: Die Coca-Cola-Aktie zeigt die Richtung an, die ich an Aktien liebe. Sie beginnt im Schaubild der Wertsteigerung unten links und führt nach oben rechts, egal was draußen in der Welt passiert. Ab und zu gibt es einen Einbruch – jüngst verursacht durch COVID-19, weil Restaurants, Bars, Diskotheken, Clubs und die meisten Orte, an denen man noch Coca-

Cola trinkt, die Türen schlossen – doch das ist bald wieder Schnee von gestern. Warum? Weil die Menschen auf der Welt trotzdem Coca-Cola kaufen.

Ich kann Ihnen anhand dieses Beispiels in einem einzigen Satz erklären, wie Wirtschaft funktioniert: Alles hängt von Angebot und Nachfrage ab. Wenn Ihnen das bewusst wird, nehmen Sie einen Riesenschritt in Richtung finanzieller Freiheit.

Warum gibt es trotzdem immer wieder Leute, die mit Aktien Geld verlieren? Über eine Sache, die Gier, haben wir gesprochen. Eine andere Sache liegt in der Auswahl: Weltweit existieren mehr als 100 000 börsennotierte Aktiengesellschaften. Niemand kann sagen, wie es um Angebot und Nachfrage all dieser Firmen auf ihren oft sehr speziellen Märkten steht. Nur eines ist sicher: Während Börsianer, Spekulanten, Journalisten und Hobbyanleger sich darüber den Kopf zerbrechen, wie sie ihr Geld in auf den ersten Blick superinteressante Aktien anlegen können, die auf den zweiten Blick oft viel Risiko beinhalten, trinkt der Rest der Welt eine eisgekühlte Coca-Cola und sorgt mit jedem Schluck dafür, dass die Aktie steigt und steigt und steigt.

Die hohe Nachfrage nach dem Produkt spiegelt den Wert des Unternehmens wider, so wie es auch die Aktie eines Unternehmens wie Procter & Gamble tut. Egal, ob Sie wollen oder nicht: Wie nahezu jeder Mensch auf dieser Welt kaufen Sie Tag für Tag Markenprodukte, die zu diesem Mischkonzern gehören: Boss, Lacoste, Gillette, Pampers, always, Oral-B, Braun, Duracell, Bounty – ich habe gar nicht den Platz, um alle aufzuzählen. Will ich dasselbe bei Nestlé tun, bei Johnson & Johnson, Unilever oder Kraft, zeigt sich dasselbe Bild: Das sind Unternehmen, die an der Börse reüssieren, weil die Nachfrage nach ihren Produkten zu jeder Tages- und Nachtzeit hoch ist, und zwar auf der ganzen Welt. Während ich das schreibe, hat Procter & Gamble eine Dividendenrendite von 2,5 Prozent jährlich, bei einer Dividendensteigerungsrate von jährlich sechs Prozent sowie erfreulichen Per-Anno-Renditen und noch einigen weiteren Indikatoren, die dafür sorgen, dass der Aktienkurs nur meine bevorzugte Richtung kennt: Von links unten nach rechts oben.

Ist es nicht schlau zu sagen: „Wenn ich mich schon jeden Tag mit Gilette-Klingen rasiere, mir mit Dentagard die Zähne putze, ich mit Apple oder IBM-Rechnern arbeite, bei Starbucks Kaffee trinke und Disney-Filme schaue – warum soll ich nicht mitverdienen am Erfolg dieser Firmen?

Als ich im Gespräch mit meiner Frau den Palm zückte, hatte ich wie jeder andere Mensch ein Handy in der Hosentasche und irgendwo meine Digitalkamera liegen. Mich hat das immer gestört. Als Apple auf einmal mit einem Gerätchen um die Ecke kam, das sämtliche Funktionen vereinigte, war ich natürlich unter den ersten Käufern – außerdem deckte ich mich mit Apple-Aktien ein, da ich den Wert dieser technischen Entwicklung sofort verstand. Die Aktien kosteten damals unter zwanzig Dollar. Beide Anschaffungen habe ich bis zum heutigen Tag nicht bereut.

Spreche ich über Aktien, spreche ich also über Werte und Vermögen – in einem Wort über Vermögenswerte. Wenn Sie die Welt mit ähnlichen Augen sehen, stehen Ihnen die Türen zur neuen finanziellen Freiheit offen. Diese Weltanschauung ist die Voraussetzung dafür, denn in meinem Anlagesystem wird nicht gezockt und nicht gespielt, es werden keine Hebel verwendet – es wird im Grunde genommen nichts getan, was den Puls nach oben treibt. Wenn Ihnen danach der Sinn steht, ist Las Vegas immer eine Reise wert. Kann ich Sie dagegen für Werte begeistern, sind Sie bei mir bestens aufgehoben.

Aristoteles Onassis, der praktisch aus dem Nichts eine der größten Öltankerflotten der Welt aufbaute und in den Fünfzigerjahren faktisch das Fürstentum Monaco besaß, sagte, als er kurz vor der

Scheidung mit der Kennedy-Witwe Jacky stand, den traurigen Satz: „Ein reicher Mann ist oft nur ein armer Mann mit sehr viel Geld."

Das kann uns nicht passieren, wenn wir darauf achten, bei allen Anlagen in unserem Leben immer auf echte Vermögenswerte zu setzen.

Endlich 37!

Man darf nie die Vision aus den Augen verlieren!
Richard Branson (1950), britischer Unternehmer

Der Flug nach Nizza, vom Airport Nice-Côte d'Azur mit dem Helikopter übers Cap Ferrat zum Hubschrauberlandeplatz Héliport de Monaco im reichen Stadtbezirk Fontvieille, von dort ins Hotel de Paris am Place de Casino ... Jetzt die Gretchenfrage: Mit genügend Jetons in der Tasche gleich ins Casino? Oder erst auf einen Drink an die Poolbar? Wir dürfen auf keinen Fall das Qualifying vom Großen Preis von Monaco verpassen. Zum Glück haben wir VIP-Pässe für die Boxengasse.

Was denken Sie? Könnte so das Leben des Börsenexperten Ulrich Müller aussehen, nach allem, was Sie bisher über mich erfahren haben? Es passt nicht ganz ins Bild von einem, der lieber in Ellerbek als in Hamburg lebt, seine Zelte in einem Gewerbemischgebiet aufgeschlagen hat und nicht in der HafenCity, und der es vorzieht, mit seinen Kindern Lego zu spielen anstatt Black Jack im Sun Casino von Monaco, das damit wirbt, das amerikanischste Casino weit und breit zu sein, le plus américain des casinos de Monaco.

Non, merci, das ist wirklich nicht meine Art des Lebens, und doch habe ich sie kennengelernt. In der Holding, von der ich mich an diesem Morgen verabschieden will, waren Betriebsausflüge dieser Art beliebt. Sie dienten der Mitarbeitermotivation. Wer wie ich weiß, wie hart man auf dem Bau ranklotzen musste, damit am Ende des Monats Geld aufs Konto kommt, der staunte, um im Bild zu bleiben, manchmal

Bauklötzchen, wenn es wieder hieß: Was unternehmen wir dieses Mal?

Gute Frage, was unternehmen wir denn? Monaco hatten wir schon, wie wäre es mit Lappland? Übernachten in einem Eishotel, eine Fahrt auf dem Eisbrecher, dann ein Rennen im Hundeschlitten. Jo, Mann, klingt nicht übel. Kann man machen.

Was soll ich sagen, wir haben es gemacht. Wir reisten nach Lappland, 75 Mann hoch, und hatten Spaß, denn darum ging es. Nur wer Spaß hat, ist motiviert, heißt es. Nur wer motiviert ist, macht seinen Job gut. Nur wer den Job gut macht, verkauft die Produkte der verschiedenen Gesellschaften. Am Ende spült es die Stange Geld, die solche Eskapaden kosten, wieder rein. Das ist die Rechnung. Meiner Meinung nach eine Milchmädchenrechnung. Sie geht nicht auf.

In Sachen Motivation unterscheiden wir nämlich zwischen Selbstmotivation und Fremdmotivation. Selbstmotivation heißt, was will ich? Wie lauten meine Ziele? Fremdmotivation dagegen bedeutet, was will ein anderer von mir? Was sind seine Ziele? Der Unterschied liegt klar auf der Hand. Wir bräuchten keine Motivationstrainer auf dieser Welt, wenn alle Menschen selbst motiviert wären. Das ist aber nicht der Fall. Weil die meisten den Zielen und Wünschen anderer Menschen folgen und nur fremd motiviert sind, wenn überhaupt. Was früher oder später in die Demotivation führt. Wenn das passiert, schlägt die große Stunde des Incentives. Incentives sind Anreize, die demotivierten Mitarbeitern – oder demotivierten Kunden – auf die Sprünge helfen sollen. Das kann eine Gehaltserhöhung sein. Ein Mitarbeiterbonus. Oder sündteure Reisen an exotische Orte.

Funktionieren Incentives? Arbeiten wir härter, besser und mit mehr Freude, wenn wir mit Hilfe eines Incentives motiviert werden? Die Antwort lautet: „Jein!" Ja, es klappt – jedoch nur kurzfristig. Nein, es klappt auf längere Sicht nicht, weil sich an der fehlenden Eigenmotivation ja nichts ändert. Wir sind auch dann noch fremdmotiviert, wenn wir zweihundert Euro mehr im Monat bekommen oder die Mitternachtssonne in Lappland gesehen haben. Incentives führen nie zum dauerhaften Erfolg. Stattdessen führen sie in die Abhängigkeit. Sie haben dieselbe Wirkung wie Drogen. Das nächste Incentive muss eine Klasse besser sein als das letzte, um seine kurzfristige Wirkung zu zeigen. Wenn Sie im Casino von Monaco waren und auf dem Eisbrecher in Lappland – was kann dann noch kommen? Ich versichere Ihnen, dass die Organisatoren unserer Incentive-Touren über diese Frage ganz schön ins Schwitzen kamen.

Kennen Sie die Geschichte vom blinden Bettler, den die Kinder hänseln? Eines Tages wird es ihm zu bunt. Er reicht ihnen einen Euro und bittet sie darum, am nächsten Tag wiederzukommen, um ihn erneut zu hänseln.

„Dann kriegt ihr fünfzig Cent dafür", sagt er.

Die Kinder sind empört. „Fünfzig Cent?", fragen sie. „Das ist ja viel weniger. Dafür lachen wir dich nicht aus." Sie kamen nie wieder.

Der blinde Mann hat den Spieß einfach umgedreht. Er nutzte ein Incentive zur Demotivation der Kinder. Vermutlich ist die Geschichte erfunden. Denn wer so schlau ist, braucht nicht zu betteln.

Keine Erfindung waren die unnützen Incentive-Reisen. Was mich neben ihrer Unwirksamkeit störte, war die Frage, wer am Ende dafür bezahlte. Das waren natürlich die Kunden. Denn selbstverständlich liefen die Kosten in die Kalkulation der Produkte ein. Ist das nicht paradox, fragte ich mich? Unsere Firma schenkt den Mitarbeitern teure Reisen, damit die

Mitarbeiter motiviert sind, unsere Produkte an die Kundschaft zu verkaufen. Das ist ein Fehler im System. Nur die Aussage „Das macht die Konkurrenz auch so“ hielt das System am Leben. Mittlerweile hat man das auch eingesehen. Incentives wurden untersagt und außerdem diverse Provisionsdeckelungen eingeführt.

Damals ließen mich die Fehler im System nachts nicht mehr schlafen. Wenn das passiert, ist es an der Zeit, ein eigenes System aufzubauen. Wieder schloss sich ein Kreis, denn dazu sollte ich Herr meiner Entscheidungen sein. Das war Teil meiner Vision, die ich seit einer geraumen Zeit mit mir herumtrug.

Oft ist es einfacher, einen Job zu starten als zu beenden, vor allem, wenn man ihn so erfolgreich ausführt, wie ich es tat. In der Holding war man keineswegs begeistert, als ich meinen Weggang ankündigte. Am Ende einigten wir uns auf einen fairen Abschied. Das ist in dieser Branche nicht selbstverständlich und zeugte von gegenseitiger Wertschätzung.

Wie es meine Art ist, legte ich noch am selben Tag den Schalter um in Richtung „neue Horizonte“. Da gab es viel zu erledigen: Gespräche mit Altkunden und Neukunden, mit Banken und Versicherungen. Nebenbei baute ich meiner Familie ein neues Haus und bezog die Büroräume, in denen ich heute noch wirke. Bodenständigkeit ist für mich eben mehr als nur ein Wort.

In den Jahren, die folgten, veranstaltete ich für die Menschen, die bei mir arbeiteten, keine Incentive-Reisen. Wer bei mir anheuert, ist selbstmotiviert, darauf legte ich von Anfang an Wert. Kein Wunder, dass unsere Umsätze die Höhe schnellten. Und weil wir klug am Markt agierten, wurde ich reich.

Hätte ich wie ein Warren Buffett diese Form des Lebens als Börseninvestor bis ins hohe Alter weiterführen können? Nein, weil es noch einen weiteren Teil in meiner Vision gab, der dabei nicht zum Tragen kam. Kennen Sie den Spruch: „Wenn jeder an sich denkt, ist an alle gedacht"? Klingt doppeldeutig – man kann ihn in der egoistischen Ecke verankern, man kann ihn aber auch ohne Vorurteile wortwörtlich nehmen. Dann wäre tatsächlich an jeden gedacht, wenn alle an sich dächten. Die Schwierigkeit ist, dass viele Menschen gar nicht in der Lage sind, an sich zu denken, vor allem wenn es sich um ihr Geld dreht. Das ist der wunde Punkt, bei dem wir wieder auf die berühmt-berüchtigten negativen Glaubenssätze treffen:

Das konnte ich noch nie.
Das bin ich nicht wert.
Das wird ja doch nichts.

Wer auf diese Weise an sich denkt, schaut am Ende seiner Tage auf ein trauriges Leben zurück, das davon geprägt ist, dass man nichts geschafft und sich ständig unter Wert verkauft hat. Je nachdem wie die innere Uhr tickt, werden solche Menschen zum Jammerer, zum Zyniker, zum Choleriker oder zum Angsthasen. Die Energievampire, über die wir sprachen, finden ihren Ursprung in negativen Glaubenssätzen.

Diese Tatsache beschäftigte mich schon ein halbes Leben, und sie würde mich auch nicht loslassen, wenn noch weitere Millionen auf meinem Konto landeten. Ein Leben wie Warren Buffett war es nicht, das ich anstrebte. Zum Glück dürfen wir alle unsere eigenen Wege gehen, und meiner lag im Jahr 2014 deutlich vor mir. Sie haben das sicherlich auch schon einmal erlebt, wenn Sie sich mit der flachen Hand vor die Stirn hauen, um zu sagen: „Warum habe ich das nicht schon immer so gesehen?"

Die Antwort lautet: Weil davor die Zeit nicht reif war. Heute sehe ich die Jahre vor Gründung der Ulrich Müller Wealth

Academy als eine Art lange und erfolgreiche Lehrzeit. Erst als ich vor den Spiegel treten und laut sagen konnte: „Du bist wahrhaftig ein sehr guter Experte für Börsen und Finanzen geworden“, wollte ich es auch vor Publikum tun.

In der Süddeutschen Zeitung erschien vor einigen Jahren ein Artikel, der sich mit dem 37. Lebensjahr befasst. „Keine runde Sache“, steht darin, „es gibt kaum vorgedruckte Grußkarten für diesen Geburtstag.“ Tatsächlich wissen viele Menschen später nicht zu sagen, wie sie ihn verbracht haben. „Der 37.? Keine Ahnung! Am 40. habe ich es krachen lassen.“

Trotzdem war der Artikel übertitelt: „37 ist das beste Alter.“

Da scheint einiges dran zu sein. Lebensforscher fanden heraus, dass Menschen auf der ganzen Welt in der Rückschau dieses Alter am lebenswertesten empfanden. Liegt es daran, weil man sich mit 37 an der Schnittstelle zwischen jung und alt befindet? Oder, weil man mit 37 keinen Wert mehr legt auf Zwischenlösungen und dadurch das Ende des Konjunktiv-Lebens einläutet, das lautet: „Eines Tages könnte ich … wenn ich reich wäre, würde ich … hätte ich das erledigt, wäre ich …“?

Wie auch immer: Sollte eine weitere Untersuchung für das goldene Zeitalter der 37-Jährigen ins Haus stehen, fragt mich. Schließlich zählte ich 37 Lenze, als ich alle Zwischenlösungen beendete, um meine Vision in die Tat umzusetzen. Nun war die Zeit reif für die Ulrich Müller Wealth Academy. Sie dient dazu, allen Menschen, die eigenständig und auf lange Sicht hin finanziell erfolgreich sein wollen, weil das ihr Grundrecht ist, zu helfen. In der Wealth Academy werde ich einer Million Menschen den Weg in ihre finanzielle Freiheit ebnen.

Noch an dem Tag, als ich in meinem alten Büro auf meinem alten Bürostuhl Platz nahm, um diese neuen Wege zu beschreiten, schrieb ich die Vision auf ein Blatt Papier und pinnte sie gut sichtbar an die Wand. Jedes Mal, wenn mein Blick darauf fällt, habe ich ein viel besseres Gefühl als damals mit einem Glas Champagner in der Hand im Casino von Monaco. Nichts ist schöner, als die eigene Vision von der besseren Welt in die Tat umzusetzen.

Denken und fühlen Sie grenzenlos, wenn Sie sich dazu aufmachen, aus ihren Träumen handfeste Tatsachen werden zu lassen. Kleingeisterei und Bescheidenheit haben erst einmal Sendepause. Konzessionslösungen und Kompromisse sind nicht länger gefragt. Es geht einzig und allein darum: Wie sieht Ihr ideales Leben aus?

In meinem idealen Leben wache ich morgens bei mir zu Hause auf. Ich empfinde tiefes Glück. Ich bin von meiner Familie umgeben. Wir leben in einem Haus in einer Gegend, in der wir uns wohlfühlen. Wenn ich zur Arbeit fahre, freue ich mich darauf. Weil ich weiß, dass sie Sinn ergibt. Und weil ich auch im Büro von Menschen umgeben bin, die ich mag. Nicht umsonst rede ich von meinem Lieblingsvertriebsleiter oder meiner Lieblingsassistentin. Für mich sind das mehr als nur Worte. Es ist der Ausdruck meiner Wertschätzung.

Nach der Arbeit freue ich mich schon wieder auf zu Hause. Auf meine Frau und die Kinder, und was uns der Abend bringen wird. Ich kann mir vorstellen, dieses Leben bis in alle Ewigkeiten auf dieselbe Art und Weise zu führen. Aus diesem Grund habe ich auch den Ginkgo gewählt, als ich über ein Logo für die Wealth Academy nachdachte.

Manche Ginkgobäume sind wahre Riesen. Sie können uralt werden. Bäume mit einem Alter bis zu zweitausend Jahren sind keine Seltenheit. Hier und dort findet man dreitausend Jahre alte Exemplare. Deshalb steht der Ginkgo als Symbol für hohe Lebenskraft. Die bekommen meine Kunden durch die Wealth Academy.

In unserem Kulturkreis eröffnet uns Reichtum die ultimative Freiheit. Reichtum ist ein Grundrecht für alle. Wir werden nicht mehr Gerechtigkeit schaffen, in dem wir reichen Menschen etwas wegnehmen und es armen Menschen schenken. Dieses Konzept geht nicht auf, weil das nötige Mindset fehlt. Wer das schmerzlich lernen musste, waren in den Sechziger-, Siebziger- und Achtzigerjahren des 20. Jahrhunderts die großen Hilfsorganisationen. Wann immer sie per Gießkanne Gelder in armen Regionen verteilten, passierte dort ... nichts. Im Gegenteil: Es wurden bestehende Märkte zerstört und Menschen in ihrer Eigeninitiative gestoppt. Am Ende waren die Regionen noch ärmer als vorher.

Deshalb gilt heute das Prinzip „Hilfe zur Selbsthilfe". Genau dieses Prinzip wende ich in der Ulrich Müller Wealth Academy an. Ich möchte, dass meine Kunden eigeninitiativ sind, und ich helfe ihnen dabei mit dem nötigen Rüstzeug. Wer dadurch wohlhabend oder sogar richtig reich wird, hat es selbst geschafft. Nicht ich habe fürs Geld gesorgt, sondern jeder Einzelne für sich selbst. Das ist ein wichtiger Unterschied.

Noch etwas spricht fürs Prinzip „Hilfe zur Selbsthilfe". Immer wieder werde ich gefragt: „Ulli, was passiert an dem Tag, an dem du dein Geld verlierst?"

Ich kann immer wieder darauf antworten: „Das wird nicht passieren, es sei denn, es tritt ein, was die unbesiegbaren Gallier Asterix und Obelix als Einziges fürchteten, nämlich, dass uns der Himmel auf den Kopf fällt. Dann gibt es auch keine Börse mehr. Solange die existiert, existiert unser Wirtschaftssystem, und solange es das gibt, werde ich immer reich sein."

Weil einige Fragesteller mit dieser Antwort nicht zufrieden sind, habe ich eine zweite parat: „An dem Tag, an dem ich mein Geld verliere, setze ich mich ruhig hin und denke nach. Jeder von uns kann hinfallen. Es kommt nur darauf an, ob wir wieder aufstehen, und zwar möglichst rasch."

Da spricht der ehemalige Handballspieler. Wir können halt nicht aus unserer Haut.

„Weißt du, was ich dann tue?", frage ich. Jetzt blicke ich in ein neugieriges Gesicht.

„Nein. Was denn?"

„Ganz einfach", antworte ich, und meine es auch so. „Ich fange wieder von vorn an. Und ich garantiere dir, in ein, zwei Jahren bin ich erneut reich."

„Was macht dich da so sicher?"

„Weil ich es kann. Weil vielleicht Geld verschwindet, doch niemals mein Wissen. Das allein ist entscheidend."

Als meine Geschäfte an der Börse immer besser liefen, zeigte ich Yana eines Tages den Ausdruck einer Excel-Tabelle, auf der ich sämtliche Erträge verzeichnet hatte. Das ist übrigens mehr als eine Marotte: Ich kann zu jeder Tages- und Nachtzeit auf Knopfdruck auf alle Kosten und Erträge zugreifen, was zum wichtigen Teil der Ausbildung an der Wealth Academy geworden ist. Yana warf einen Blick darauf. Dann sagte sie: „Das ist wie legales Gelddrucken. Warum bringst du es in Seminaren nicht anderen Leuten bei?"

Wenn Sie bis hier meinen Werdegang verfolgt haben, wissen Sie, wer einen wichtigen Impuls zur Gründung der Wealth Academy geleistet hat: Es war meine Frau. Und weil Karl Kraus, der bedeutendste österreichische Schriftsteller des 20. Jahrhunderts gesagt hat: „Eine Frau ist da, damit der Mann durch sie klug werde", habe ich auf sie gehört.

Von nun an führten alle Gedanken in eine Richtung, aus der sich schließlich meine Vision abzeichnete: Ich gebe Hilfe zur Selbsthilfe, damit sich die Menschen ihr Grundrecht auf Reichtum selbst erfüllen. Dazu erhalten sie die Sicherheit, dass, falls aus Gründen, die außerhalb unserer Macht liegen, doch einmal Geld verloren geht, dieses Wissen vorhanden bleibt. Dann fangen wir von vorn an und werden noch schneller reich, da wir mehr Erfahrung in die Waagschale werfen können. Das ist die „Blaupause des Börseninvestors", wie ich dieses Sicherheitsgefühl in den Seminaren gerne bezeichne.

Die Wealth Academy

Märkte sind wie Fallschirme: Sie funktionieren nur, wenn sie offen sind.
Helmut Schmidt (1918–2015), Bundeskanzler

Wenn man sechzehn, siebzehn Jahre alt ist, erscheinen einem Leute um die dreißig mitunter reichlich alt. Noch älter wirkten auf mich manche Bankangestellte, denen ich in den Anfängen meiner Aktiengeschäfte die Ordern übergab. Und doch waren sie Jungspunde im Vergleich zur Börse – denn die gibt es schon erstaunlich lange.

Wenn in alten Zeiten Bauern, Fischer oder Handwerker Geschäfte machen wollten, trafen sie sich auf dem Markt. Jede Stadt hatte eine Vielzahl davon. Da gab es Getreide- und Viehmärkte und Märkte für Obst und Gemüse. Es gab Fischmärkte, Pferde- und Nutztiermärkte und natürlich auch solche für alle Arten handwerklicher Produkte. Eine Vorstellung, welch buntes Treiben auf diesen Märkten stattgefunden hat, geben uns die Basare Asiens und Vorderasiens. Meist im Herzen der Stadt gelegen, haben diese Basare mehrere Tore, die den Besucher zu den Gewerken führen. So gibt es ein Tor zum Möbelbasar, eines zum Basar der Elektrogeräte und eines, das zum Basar der Lebensmittelhändler führt. Die überdachten Gassen ähneln einem Labyrinth und man kann sich rettungslos darin verlaufen. Es herrscht reges Treiben, und doch ist die Marktzeit streng reglementiert. In der Regel gegen dreizehn Uhr rattern die Rollläden der Geschäfte herunter, und der Zauber aus Tausendundeiner Nacht ist verschwunden.

So banal es klingt: Solche Märkte gibt es nur, weil die angebotenen Waren ihren Platz brauchen. Egal ob jemand ein Pferd kaufen will, einen Sack Kartoffeln oder eine Lampe: Der Kunde kann auf dem Markt das Angebot mit eigenen Augen prüfen. Er kann ein wenig handeln, dann wird gezahlt, und die Ware hat einen neuen Eigentümer.

Was dem Bauer, Fischer oder Handwerker der Markt ist, ist dem Händler die Messe. So wie es im frühen Mittelalter in jedem geeigneten Ort einen Markt gab – daher rührt der Name Marktflecken und kommt die Bezeichnung „ein Marktrecht erwerben" –, gab es schon Messestädte wie Leipzig, Frankfurt, Nürnberg, Amsterdam und Paris. Dort galt das gleiche Prinzip wie auf dem Markt: Händler schafften Waren wie Gewürze, Teppiche oder Rohstoffe heran. Andere Händler kauften diese ab und verfrachteten sie an einen neuen Ort.

Ich fand es spannend zu entdecken, wie dicht das Netz der Handelswege im Europa von damals bereits war. Oft waren diese Wege nach ihrer Nutzung benannt, wie die Alte Salzstraße von Lüneburg nach Lübeck, die Via Salaria von Ostia über Rom bis zur Adria oder die uralte Weinstraße von Mehring an der Mosel nach Birkenfeld an der Nahe. Immer wieder stellte ich mir die Widrigkeiten der damaligen Zeit vor; die schlechten Straßenverhältnisse, die Unmengen an Zollbestimmungen und die Räuberbanden, die in Wäldern hausten und den Händlern das Leben schwer machten.

„Das braucht Mut", dachte ich mir. So ein Geschäftsmann führte ein gefahrvolles Leben. Was wäre, wenn er den Handel abschließen könnte, ohne Waren mitführen zu müssen? Das wäre sicherer.

Heureka, was für eine geniale Idee. Auf die längst jemand gekommen war. Um genau zu sein, die Familie van de Beurse aus

Brügge. Diese Stadt in Belgien, die noch heute einen der prächtigsten Marktplätze in Europa besitzt, stach im 14. Jahrhundert alle europäischen Messestädte aus. Der Grund lag im Gasthof der Familie van de Beurse. Dort handelte man nicht mit Waren, sondern mit Informationen: Wer kauft oder verkauft wo, was, zu welchem Preis?

Das war die Geburtsstunde der Börse. Im Gasthaus konnte der Händler Geschäfte abschließen, ohne seine Waren mitbringen zu müssen. Und weil schon damals Transaktionen dieser Art in angenehmer Atmosphäre einfacher zu tätigen waren, servierten die van de Beurse dazu flämische Spezialitäten wie geschmortes Kaninchen mit Pflaumen oder gedämpften Aal in Kerbelsauce. Zusammen mit belgischen Klosterbieren und hochprozentigem Kriek, einem mit Sauerkirschen vergorenen Gerstensaft, wurde es für die van de Beurse ein glänzendes Geschäft. Sie führten drei Geldbeutel aus Leder in ihrem Wappen, damit jedem klar war, um was es bei ihnen ging: um Börsengeschäfte, bei denen man nicht die Waren mitbrachte, sondern nur eine Bescheinigung darüber.

Ich hatte Freude daran, mir diese Situation vorzustellen. Zwei Menschen trafen im Gasthaus der van de Beurse aufeinander. Der eine verkaufte etwas, was der andere haben wollte. Dieser konnte die Ware nicht wie auf dem üblichen Pferde- oder Getreidemarkt begutachten. Also mussten sich beide Geschäftspartner vertrauen. Der Verkäufer vertraute dem Käufer, dass dessen Ware etwas taugte, da er sie erst zu einem späteren Zeitpunkt in die Hände bekam. Und der Käufer vertraute dem Verkäufer, dass dessen Geld nicht gefälscht oder der Wechsel, mit dem er bezahlte, gedeckt war. Beide blickten also in die Zukunft, was auf Lateinisch „speculari" heißt. So wurden aus den Kaufleuten Spekulanten, die – und das ist die wichtige Botschaft – an der Börse Geschäfte auf der Basis gegenseitigen Vertrauens eingingen.

In der Gründungszeit der Börse beherrschten die Niederländer die Meere, und damit die ganze Welt. Ihre Ostindische Kompagnie wickelte Geschäfte mit asiatischen Ländern ab. Die Kompagnie war ein Monopolist, wie er im Buche steht, ein eigener Staat im Staat. Trotzdem brauchte selbst dieses gewaltige Unternehmen ständig frisches Geld. Daher wurden Anteile an der Ostindischen Kompagnie an der Amsterdamer Börse gehandelt – und zwar in Aktien. Auf Niederländisch bedeutet „actie" Aktion, was zum einen Handlung, aber auch „auf etwas Anspruch haben" bedeutet. Die Kaufleute und Spekulanten konnten sich mit den Aktien einen Anspruch auf Gewinne sichern. Natürlich gab es ein Risiko, das jedoch durch die Vielzahl an Aktien geteilt wurde.

Es war und ist heute noch ziemlich clever, auf diese Weise Kapitalnachfrage und Kapitalangebot zusammenzubringen. Damals schwankten die Aktien der Kompagnie wie ein Schiff auf dem Meer, weil schon in dieser Zeit das Geschäft von Gerüchten gesteuert wurde.

„Hast du gehört", fragte ein Händler den anderen, „eine wertvolle Ladung wurde von Piraten gekapert." Schon sausten die Kurse in den Keller.

Alles in allem präsentierte sich der Kurs der Ostindien-Kompagnie jedoch so, wie sich heute der Kurs der Coca-Cola- oder Apple-Aktie präsentiert: Von links unten nach rechts oben. Nach hundert Jahren Laufzeit hatten sich die Aktien der Kompagnie um satte tausend Prozent verteuert.

In diese Epoche fiel der erste Börsencrash der Geschichte, wie es André Kostolany immer verkündete: „Jeder Börsenzyklus, ob am Aktien-, Anleihen-, Rohstoff-, Devisen- oder Immobilienmarkt, verläuft nach dem gleichen Muster. Auf- und Abwärtsbewegungen mit ihren Übertreibungen nach oben und unten sind ein Spiegelbild der menschlichen Psyche – der Tanz zwischen Panik und Übermut. Boom und Börsenkrach sind ein unzertrennliches Gespann, der eine kann nicht ohne den anderen sein. Daher ist die über 400-jährige Geschichte der Börse eine Folge von Booms und Crashs", schrieb er.

Wobei es sich lohnt, gleich einmal einen Blick auf die „History of U.S. Bear & Bull Markets since 1926" zu werfen. Das ist ein Index, der die Bären- und Bullenjahre der Börse widerspiegelt. Bärenmarkt nennen Börsianer anhaltend sinkende Kurse. Ein Bullenmarkt dagegen steht für anhaltend steigende Kurse. Damit das auch keiner verwechselt, findet man Bulle und Bär als Skulpturen des Bildhauers Reinhard Dachlauer mitten auf dem Börsenplatz in Frankfurt. In der dokumentierten Geschichte der New Yorker Börse zeigt sich, dass allen Crashs zum Trotz die Bullen das Geschehen dominieren: Statistisch dauern steigende Kursepochen 9,1 Jahre, in denen der Markt im Durchschnitt um 476 Prozent zulegt. Bärenepochen dauern nur 1,4 Jahre, in denen die Börse um 41 Prozent fällt.

Nun macht der Crash aber mehr Schlagzeilen, und das war zum Beginn des Börsengeschehens nicht anders. Der erste Crash ging in die Geschichte ein, und ich erwähne ihn, weil er wunderbar den Hauptgrund jedes Börsenkrachs dokumentiert, und das ist die menschliche Gier. Schauplatz waren die Niederlande, wo viele Bürger durch den Ostindienhandel reich geworden waren. Die damals exotische Tulpe wurde zu einem Spekulationsobjekt der Extraklasse – den ersten Crash an der Börse nennt man folgerichtig Tulpencrash.

Damals entdeckten Investoren die Tulpenzwiebel als Wertanlage. Das Problem war, keiner konnte einer Blumenzwiebel ansehen, was aus ihr erblühen würde. Da die Technik der Fotografie noch nicht erfunden war, fanden Maler ein weiteres, wenn auch schlecht bezahltes Betätigungsfeld: Floristen beauftragten sie mit der genauen Abbildung ihres Bestandes. So entstanden im 16. Jahrhundert eine Fülle von Tulpenbüchlein, mehr oder weniger kunstvoll aquarelliert oder mit Eitempera gemalt. Sie hatten den Zweck, auf Messen Kaufinteressenten zu zeigen, was sie in Form der Zwiebel erstanden. Heute finden wir einige dieser Tulpenbücher in Museen und Sammlungen. So kommt es, dass wir noch immer wissen, wie die Semper Augustus und andere inzwischen ausgestorbene Tulpensorten ausgesehen haben.

Auch wenn die Spekulanten nicht mit Sicherheit wussten, was in der erworbenen Zwiebel steckte, entstand in den Jahren zwischen 1630 und 1637 eine Tulpenmanie. Statt Blumenliebhabern stürzten sich Investoren auf die Zwiebeln. Sie kauften alles, was zu kriegen war, um die Zwiebeln mit Gewinn weiterzuveräußern. Auf diese Weise wurde der Markt immer mehr angeheizt, die Preise stiegen ins Astronomische. Die Nachricht von Leuten, die innerhalb weniger Tage ein Vermögen mit einer Handvoll Tulpenzwiebeln gemacht hatten, verführte immer mehr Menschen dazu, ihr Glück zu versuchen. Vornehmlich in Wirtshäusern fanden private Versteigerungen statt, die einem Glücksspiel glichen. Es wurde gekauft und verkauft, während die Preise in die Höhe schossen. Ehrbare Müller versetzten ihre Mühlen, biedere Bauern verschuldeten ihre Höfe, alle in der Hoffnung aufs große Los.

Die Spirale funktionierte, solange es Interessenten gab, die bereit waren, einen noch höheren Preis für eine Tulpenzwiebel zu bezahlen. Das ging sieben Jahre lang gut. Den Höhepunkt erreichte die erste Finanzblase der Börsengeschichte am 3. Februar 1637, als auf einer Messe in Alkmaar für eine einzige Tulpe namens Admirael van Enchhysen 5200 Gulden auf den Tisch gelegt wurden.

Zwei Tage später war an allen Handelsstellen zu spüren, dass der Zenit überschritten war. Keine der angebotenen Zwiebeln konnte bei einer Versteigerung noch den gewünschten Preis erreichen. Es dauerte nur noch wenige Tage und der gesamte Tulpenmarkt brach in sich zusammen. Panikverkäufe taten das Ihrige.

Am Ende verloren die Zwiebeln 95 Prozent ihres Wertes. Unzählige Existenzen waren auf einen Schlag ruiniert. Auseinandersetzungen über Optionsverträge auf künftige Käufe und Verkäufe beschäftigten Behörden und Gerichte noch lange Zeit. Nur die echten Pflanzenliebhaber wie jener anonyme Besitzer der Semper Augustus, dem seine Blumen wertvoller waren als Geld, blieben vom Trubel unberührt.

Trotz Börsenkrach sind die Niederlande noch immer Tulpenlieferant Nummer eins. Auch wenn diese Blume aus dem Orient stammt, sorgte ausgerechnet der Tulpenwahn dafür, dass sie in ganz Europa berühmt und begehrt wurde. Die Berichte über das unerhörte Finanzereignis weckten in allen Herren Ländern ein neues Interesse an dieser seltsamen Blume, die es fertiggebracht hatte, vernünftige Menschen um den Verstand zu bringen. Am Ende war es der Export, der den Händlern aus der Patsche half.

Damit ist der erste Börsencrash ein Paradebeispiel für alle Crashs, die folgten, denn die Preise stiegen nicht dank des reellen Wertzuwachses, sondern wegen um sich greifender Propaganda. Als der Crash vorüber war, ließen sich mit dem reellen Wert von Blumenzwiebeln wieder gute Geschäfte machen. Die Niederlande setzen damit heute noch über 1,2 Milliarden Euro im Jahr um, die Hälfte davon mit Tulpenzwiebeln. Auch wenn die ausgestorbene Semper Augustus nicht darunter ist, kann sich das durchaus sehen lassen.

Haben mich die Crashs an der Börse in irgendeiner Weise beeinflusst, als ich die Ulrich Müller Wealth Academy gründete? Der Schwarze Donnerstag von 1929 vielleicht, der als folgenreichster Crash in der Börsengeschichte eingestuft wird, da er die Weltwirtschaftskrise auslöste und zum Aufstieg der Nazis in Deutschland beitrug? Oder der Schwarze Montag von 1987, als der amerikanische Leitindex Dow Jones um 22,6 Punkte fiel? Die Dotcom-Blase aus dem Jahr 2000, als unzählige Investoren realisierten, dass viele vermeintliche Zukunftsunternehmer auf absehbare Zeit keinerlei Gewinne verzeichnen würden? Oder die Weltfinanzkrise in den Jahren 2007 und 2008, die durch eine riesige Spekulationsblase auf dem amerikanischen Immobilienmarkt ausgelöst worden war? Viele Banken hatten Kredite an Menschen vergeben, die sich diese nicht leisten konnten. Am 15. September 2008 meldete Lehman Brothers Insolvenz an, der Rest ist Geschichte.

Also, hat es mich beeinflusst? Die Antwort lautet Ja. Denn alle Crashs sorgten dafür, dass ich meine Vision erweiterte: Mir geht es darum, den Absolventen der Wealth Academy nicht nur beizubringen, was Yana legales Gelddrucken nannte, sondern ihnen die Wichtigkeit der Aktieninvestition in echte Werte zu vermitteln. Mit anderen Worten: Meine Absolventen sollen ihr Geld nicht in Tulpenzwiebeln stecken, von denen sie nicht wissen, welche Blume eines Tages daraus erwächst. Stattdessen sollen sie in Erfahrung bringen, was hinter dem Unternehmen steckt, an dem sie durch Aktien Teilhaber werden. Unsere Absolventen sollen auch keine Kredite für Häuser, Wohnungen und Konsumartikel aufnehmen, sondern das nötige Geld auf der hohen Kante haben.

Dieser Satz schreibt sich einfach und liest sich genauso einfach, doch ich kann Ihnen versichern: In einer Zeit, in der wir per Mausklick Konsumkredite abschließen, die weder eine Schufa-Prüfung verlangen noch nennenswerte effektive Jahreszinsen kennen, gleicht die Aufgabe Don Quijotes Kampf gegen die Windmühlen. Viele Menschen übersehen, dass auch ein in Windeseile abgeschlossener Konsumkredit einen normalen Darlehensvertrag darstellt, bei dem der Schuldner versichert, den geliehenen Betrag bis zum vereinbarten Termin vollständig zurückzuzahlen. Ich sehe mit Argwohn, wie sich das Leben auf Pump weiter verbreitet. Laut GfK, der Gesellschaft für Konsumforschung, müssen die Deutschen derzeit rund 225 Milliarden Euro zurückzahlen, um ihre Verbraucherkredite zu bedienen. Die Zahl der Absolventen der Ulrich Müller Wealth Academy, die darunterfallen, ist zum Glück sehr klein.

Wie angekündigt komme ich immer wieder auf das mitunter altmodisch anmutende Wort Disziplin zurück, wenn man mich fragt: „Ulli, wie widerstehe ich den Versuchungen eines Kredits?" Dann rate ich, sich vor der Anschaffung die simple Frage zu stellen: „Brauche ich das wirklich – oder will ich es einfach haben?" Um auf Beispiele aus meinem Leben zurückzugreifen: Das Cochlea-Implantat für meinen Sohn brauchte ich, den Porsche 911 wollte ich. Auf ihn kann ich verzichten, auf das Implantat nicht. Wenn Sie sich diese Frage vor jeder Anschaffung stellen – und die Betonung liegt auf dem Wörtchen jeder, egal wie groß oder klein der Kauf ist –, gibt es keine Verlockungen mehr, denen Sie mit Hilfe eines Kredits nachgeben. Wenn Ihr Mind-Set derart justiert ist, werden Sie mir niemals die Frage stellen, die regelmäßig an mich herangetragen wird: „Ulli, warum tauchen in deinem Sechs-Konten-Modell keine Kredite auf?"

Wenn Sie das Sechs-Konten-Modell mit Disziplin anwenden – da ist er wieder, mein Lieblingsbegriff –, brauchen Sie Kredite nicht mehr.

Als ich mich mit diesen Fragen beschäftigte, stieß ich auf die Kaufmannsfamilie Fugger aus Augsburg. Die Fuggers entwickelten den Kredit zu einem Druckmittel, der sie im 15. und 16. Jahrhundert zu den einflussreichsten Finanziers auf dem europäischen Kontinent machte. Sie finanzierten über Kredite die Kaiserkrönung von Maximilian I., und machten die Habsburger damit zum mächtigsten Herrscherhaus Europas. Nach Maximilians Tod finanzierten sie auf dieselbe Weise die Wahl seines Enkels, König Karl I. von Spanien, zum deutschen Kaiser. Jakob Fugger, genannt der Reiche, bekam durch das Kreditwesen eine ungeheure Macht. Selbst widerstand er sämtlichen Reizen des Reichtums und bewahrte sich Zeit seines Lebens die Tugenden eines sparsamen Kaufmanns. Für seine weltumspannenden Geschäfte nahm er niemals Kredite auf, sondern nutzte immer nur sein Eigenkapital.

Es sind diese seit Jahrhunderten funktionierenden Wirtschaftskenntnisse verstärkt durch mein umfassendes Wissen über den Handel an der Börse und meinen Glauben an die Macht der Disziplin, welche die Grundpfeiler meiner Vision der Akademie des Reichtums bilden. Weil Menschen, die etwas wissen, noch lange nichts können, und die, die etwas können, noch lange nichts tun, fehlte mir etwas Grundlegendes, um die Vision erfolgreich in die Tat umzusetzen.

„Wir sind Wissensriesen und Handlungszwerge." Dieses Zitat wird Johann Wolfgang von Goethe zugesprochen, der sich davon ausnehmen konnte, da er ein Wissens- und Handlungsriese war.

„Wie bringe ich die Menschen zum Handeln", fragte ich mich und musste schmunzeln. Denn ich selbst hatte das Handeln auf die harte Weise gelernt.

Wie wäre es an dieser Stelle mit ein bisschen Spaß? Dann zeige ich Ihnen jetzt einmal, wie Sie aus zehntausend Euro nahezu hunderttausend Euro machen. Es ist ein Kinderspiel, aber verraten Sie es nicht Ihrem Bankberater. Dort hört man das nicht so gerne.

Sie nehmen also zehntausend Euro und legen sich ein überschaubares Portfolio Aktien an. Welche Aktien sollen sie auswählen? Legen Sie Wert auf große Sicherheit, können das Aktien sein, die Ihnen eine Rendite von drei Prozent im Jahr einbringen. Das ist nicht viel – nein, nennen wir das Kind beim Namen, für Absolventen der Ulrich Müller Wealth Academy ist es lächerlich wenig – doch gemach. Drei Prozent im Jahr sind zunächst einmal mehr, als ein Sparbüchlein einbringt, auf dem die Deutschen das meiste Geld gebunkert haben. Mit dieser Rendite ist Ihr Portfolio nach zwanzig Jahren 18 061 Euro wert. Wie gesagt, üppig ist etwas anderes, doch ein Sparbuch schafft nicht mal das. Nun haben Sie die Möglichkeit, unter allen Aktien dieser Welt solche zu wählen, die Ihre Chance auf bessere Renditen erhöhen. Packen Sie davon welche in Ihr Portfolio, sind zwölf Prozent Rendite kein Problem. Dann ist Ihr Depot nach zwanzig Jahren 96 463 Euro wert. Ihr Sparbuch hingegen dümpelt noch immer … lassen wir das, diese Geschichte kennen Sie nun zur Genüge.

Damit habe ich Sie mit einer zentralen Eigenschaft von Aktien bekannt gemacht: Sie haben es selbst in der Hand, wie Sie Sicherheit und Chancen abwägen. Das ist ein wesentlicher Punkt, weil das ansonsten Ihr Bankberater tut. Der stellt die berühmte Beraterfrage: „Sind Sie eher ein Sicherheits- oder ein Risikotyp?“, doch was immer Sie darauf antworten, wird sein Angebot nur unwesentlich beeinflussen. Denn er darf Ihnen nur die Produkte seines Arbeitgebers anbieten, während Sie, wenn Sie für sich selbst entscheiden, aus einer Fülle passender Aktien wählen können.

Sie haben also für Ihre zehntausend Euro die richtigen Aktien gefunden, lassen Ihr Depot zwanzig Jahre lang links liegen und erfreuen sich an einer Rendite, die in unseren Niedrigzinszeiten zwar nicht nach Champagner schreit, aber zumindest nach einer guten Flasche Sekt. Brauchen Sie dazu das Wissen der Ulrich Müller Wealth Academy? Ich formuliere die Antwort behutsam: Schaden kann es nicht – doch nach dem Studium diverser Bücher, Zeitungen oder dem einen oder anderen Börsenbrief kriegen Sie das auch ohne mich hin. Das ist okay, denn wir zielen in eine andere Richtung.

Unter uns gesagt will ich nicht auf drei, vier, zehn oder zwölf Prozent Rendite mit einem Gläschen Sekt anstoßen.

Der Fußballspieler Jürgen Kurbjuhn gab einmal den legendären Spruch von sich: „Wenn ich nicht will, lauf ich im Spiel nicht mehr als einen Kilometer; und da ist der Weg von und zu der Kabine schon drin."

Klingt schon ein bisschen hochnäsig, doch als damaliger Leistungsträger bei meinem HSV, konnte er sich das leisten. Warum ich ihn zitiere liegt auf der Hand: Wegen einer Rendite von zwölf Prozent im Jahr werden die Absolventen der Wealth Academy nicht weit laufen beziehungsweise den Computer hochfahren. Wenn wir daher bei Fußballvergleichen bleiben: Unsere Absolventen verkörpern Typen wie die HSV-Legende Uwe Seeler, den ersten Bundesligatorschützen überhaupt mit sagenhaften dreißig Toren. Wir wollen ganz vorn mit dabei sein, und das ist bisher gut gelungen.

2018 zum Beispiel verzeichnete der Deutsche Aktienindex eine Performance von –18 Prozent. Pro Monat sind das –1,50 Prozent. Der amerikanische Dow Jones schnitt ein wenig besser ab, rutschte aber auch ins Minus: –7,2 Prozent im Jahr sind –0,60 Prozent pro Monat. Ulrich Müller, in der Tradition von „uns Uwe", erzielte pro Monat ein Plus von 3,02 Prozent. Was einer Performance von

+36,2 Prozent im Jahr 2018 entspricht. Eine Torjägerkanone gibt es in unserer Branche leider nicht, ansonsten hätten wir einige davon in der Vitrine der Wealth Academy stehen.

Wir wollen einnetzen. Wollen Sie das auch? Dann lohnt es sich für Sie, aufmerksam zu sein, denn Ihr Vermögen hängt von drei Faktoren ab. Die heißen „Sparen", „Zeit" und „Rendite". Das sind Ihre Stellschrauben, mit denen Sie Ihr Vermögen vergrößern. Übers Sparen haben wir ausführlich gesprochen und werden es wieder tun, wenn ich Ihnen das Zinseszinssystem erläutere. Über den Faktor Zeit können wir das ganz große Fass aufmachen und darüber philosophieren, ob Friedrich Nietzsche Recht hatte, als er sagte: „Die Zeit ist ein Kreis." Verschieben wir das auf ein anderes Mal, denn für uns ist wichtig und erfreulich, dass die Aktien, auf die wir besonders achten, im Laufe der Zeit enorme Renditen aufweisen.

Ich gebe Ihnen dazu einige Beispiele: Danaher heißt ein Mischkonzern aus den USA. 1990 begann ich, seinen Index nachzuzeichnen. Am 9. August 2019 hatte Danaher eine Rendite von – bitte schnallen Sie sich an – 17.760 Prozent erzielt, Weltwirtschaftskrisen, Dotcom-, Immobilienblasen und Bankenpleiten zum Trotz. Novo Nordisk aus Dänemark ist in der Medizintechnologie tätig, was auch vor COVID-19 die Rendite steigen ließ: Von 1990 bis zum 9. August 2019 um immerhin 9.857 Prozent. Auch ein deutsches Unternehmen aus dem DAX will ich anführen: Die Aktie der BASF erzielte von 1990 bis zum 9. August 2019 eine Rendite von 994 Prozent.

Diese Aktien – auch die der BASF – sind sogenannte Dividendenaktien. Das heißt, dass die Unternehmen ihren Aktionären jedes Jahr eine Dividende auszahlen, die bei dem Ludwigshafener Unternehmen 2018 bei 5,5 Prozent lag. Die Dividendensteigerungsrate lag bei 5 Prozent.

Das amerikanische Unternehmen Walgreens, um ein anderes Beispiel anzuführen, ist seit über 110 Jahren in der Apothekenbranche tätig. Seit der Gründung zahlt Walgreens seinen Aktionären Dividenden, egal was draußen in der Welt passiert. 2018 waren es 3,3 Prozent bei einer Dividendensteigerung von 14 Prozent. Wenn Sie nun als Anleger diese Dividende reinvestieren, wird sich Ihr Depot auf erfreuliche Art und Weise entwickeln.

Bleiben wir bei der BASF und schauen uns an, was passieren kann, wenn wir am 30. Oktober 2010 für rund 5 000,- Euro BASF-Aktien gekauft hätten. Damals lag der Aktienpreis bei 45,10 Euro, sodass wir 111 Stück in unser Depot übernommen hätten. Über die nächsten zehn Jahre reinvestieren wir die Dividenden, und zwar jeweils zum aktuellen Aktienkurs am Tage der Dividendenzahlung. Wir schöpfen somit Jahr für Jahr Gratisaktien aus der Dividende. Im Laufe von zehn Jahren füllt sich auf diese Weise unser Depot von anfangs 111 Aktien auf 152 Aktien auf, während sich der Wert von 5 186,50 Euro im Jahr 2010 auf 11 026,65 Euro im Mai 2019 erhöht. Ich frage Sie jetzt nicht, was aus 5 186,50 Euro geworden wäre, wenn Sie diese 2010 auf ein Sparbuch gelegt hätten – mittlerweile ist Ihnen klar geworden, wohin der Hase läuft.

Im Beispiel haben Sie Ihren Aktienbestand ohne weitere Zuzahlungen aus eigenen Mitteln um 41 Aktien erhöht, was einer guten Quote von 36 Prozent entspricht. Die Entwicklung des Depotstands entspricht rund 121 Prozent in den zehn Jahren. In der Zukunft erhalten Sie daraus aus Dividenden einen Kapitalzufluss von ca. 10 Prozent pro Jahr auf die Anfangsinvestition.

Das sind doch schon mal schöne Zahlen. Trotzdem ist es noch lange nicht das, was wir an der Ulrich Müller Wealth Academy anstreben. Das BASF-Beispiel richtet sich nach wie vor an Anleger, die André Kostolanys Rat befolgen, sich mittels Schlaftablette in einen Ruhezustand zu versetzen, um nach einer gewissen Zeit des Schlummers nachzusehen, was aus dem Depot geworden ist.

In der Ulrich Müller Wealth Academy zünden wir den Turbo: Bei uns geht es darum, das Eigenkapital mit jährlich zwischen 24 Prozent bis 72 Prozent zu verzinsen und damit alle 1,5 bis 2 Jahre zu verdoppeln. Das funktioniert, wenn Sie die Geheimnisse des Zinseszinssystems und der Mieteinnahmen auf Aktien kennen. Was es damit auf sich hat, werde ich im folgenden Kapitel erläutern. Eines sollte Ihnen jetzt schon klar sein: Dabei dreht es sich nicht länger um die Schlaftablettentaktik, bei der wir, außer in Ruhe abzuwarten, nichts tun, sondern um eine Strategie, bei der wir uns aktiv am Markt beteiligen.

Um auf die Frage von vorhin zurückzukommen: Brauchen Sie dazu die Hilfe der Ulrich Müller Wealth Academy? Die klare Antwort lautet: „Ja!“, da ich diese Strategie aus über 25 Jahren Börsenerfahrung entwickelt habe. Die gebe ich gerne weiter – meine Frau Yana hat ihren Anteil daran – doch gilt es dafür, sich Kenntnisse anzueignen.

Wenn Sie sich fragen: „Bin ich dazu in der Lage?“, kann ich auch das mit einem klaren Ja beantworten, obwohl ich gar nicht weiß, wer gerade dieses Buch liest. Dafür weiß ich umso besser, dass sich unter den Abertausenden Absolventen der Ulrich Müller Wealth Academy Menschen jedes Alters tummeln, mit den unterschiedlichsten Schulbildungen und Berufen: Von der 13-jährigen Schülerin bis zum 84-jährigen Rentner, von der Kassiererin bei Aldi bis zum Volkswirt, vom Arzt bis zum Bauarbeiter haben alle die gleichen Chancen. Selbst Fondsmanager, die in ihrem Job Hedgefonds mit Werten von mehreren Milliarden Euros managen, finden sich bei uns ein.

Jeder Teilnehmer findet die gleichen Startbedingungen vor. Muss man ein mathematisches Genie sein? Nein. Wer das Einmaleins beherrscht und auf seinem Taschenrechner die Prozenttaste kennt, bringt alle Voraussetzungen mit.

Wichtiger ist das Mind-Set, über das wir ausführlich gesprochen haben. Ich habe die Erfahrung gemacht, dass die Kassiererin mitunter besser aufgestellt ist als der Bankberater. Denn es geht um Begeisterung und um große Lust am Erfolg, es geht um den Willen und darum, ein paar Jahre lang den Konsum einzuschränken, um das Ziel der finanziellen Freiheit zu erreichen.

Mein System basiert auf der Idee des dauerhaften Investors mit Trading-Ansatz. Dabei werden Investments langfristig gehalten. Zusätzlich generieren wir einen Cashflow durch Aktien, um deutlich schneller ans Ziel zu kommen. Das System kann jeder lernen. Es benötigt einen Zeitaufwand, der neben Arbeit, Familie und Hobbys umgesetzt werden kann.

Mein Werdegang hat Ihnen gezeigt, was mit Fleiß und Disziplin möglich ist. Doch brauche auch ich immer wieder Impulse, die mir zeigen, dass ein Quäntchen mehr herauszuholen ist. Wie lautete der berühmte Slogan einer Turnschuhfirma? „Just do it!“ Als ich ihn umsetzte, landete ich direkt im Camp des Motivationstrainers T. Harv Eker. Dort holte ich mir einen wegweisenden Input für mein Leben, von dem die Teilnehmer der Wealth Academy noch heute profitieren.

Siehst du den Gipfel? Dort musst du hoch!

Die Spitze des Berges ist nur ein Umkehrpunkt.
Reinhold Messner (1944), Bergsteiger

Eine Sache, die ich am Handballsport so schätze, ist die Schnelligkeit. Wenn Sie ein Spiel verfolgen, stellen Sie fest, dass es immer nur ein Tempo gibt, und das ist das Sprinttempo. Das setzt eine gute Kondition voraus und etwas, das mir wichtig ist: In dieser Sportart ist erfolgreich, wer antizipativ agiert. Mit anderen Worten, wer das Spiel liest und Entscheidungen vorausschauend trifft. Um lange nachzudenken, bleibt einfach keine Zeit. Ohne Intuition geht auf dem Spielfeld nichts – und Intuition entsteht durch langjährige Spielpraxis und große Erfahrung.

Das Schöne daran ist, dass wir nie wissen, wann uns die Intuition hilfreich zur Seite springt – besser gesagt: Wir wissen es erst hinterher. Das war auch der Fall, als ich beschloss, ein Seminar des amerikanischen Trainers T. Harv Eker zu besuchen.

Auf die Gefahr hin, dass Sie mich der Wiederholung bezichtigen: Einen der besten Tipps, die ich Ihnen geben kann, ist der Aufruf, niemals mit dem Lernen aufzuhören. Führen Sie darüber Buch, wenn Sie in sich selbst investieren, weil es der Motivation zuträglich ist, nach zehn Jahren sagen zu können: „Mein lieber Scholli! Ich habe mir achttausend Stunden Wissen angeeignet! Da habe ich eine Menge richtig gemacht."

Diese Zahl schaffen Sie locker, wenn Sie täglich dreißig Minuten lesen, eine Stunde Podcasts oder Hörbücher hören, und einige Seminare im Jahr besuchen.

Am besten, Sie fangen heute gleich an. Auf der Webseite der Ulrich Müller Wealth Academy finden Sie eine Reihe informativer Podcasts mit spannenden Interviewpartnern.

Auf T. Harv Eker war ich ebenfalls durch Lektüre gestoßen. Ich hatte sein Standardwerk „Secrets of the Millionaire Mind" gelesen, in deutscher Übersetzung: „So denken Millionäre – Die Beziehung zwischen Ihrem Kopf und Ihrem Kontostand", als mir der Gedanke kam: „Den Mann würde ich gerne mal persönlich kennenlernen."

Das ist die Intuition, von der ich sprach. In einem Handballspiel kann es die Lücke in der Deckung der gegnerischen Mannschaft sein, die sich für den Bruchteil einer Sekunde auftut, was genügt, um die Entscheidung zu treffen, dort hindurch den Ball aufs Tor zu werfen. Hier war es der dringliche Wunsch, den Autor eines Buches zu treffen, das mir gefallen hatte.

Ich fand heraus, dass der gebürtige Kanadier Seminare gab, die sehr sportlich klangen – kein Wunder, hatte er seine ersten Millionen doch mit einer Kette von Fitnessläden verdient. Das Auftaktseminar Millionär Mind Intensive fand noch in Berlin statt. Der nächste Workshop sollte bereits in Kuala Lumpur sein, also nicht mehr um die Ecke.

Das ist der Punkt, an dem bei den meisten Menschen der Verstand zu nörgeln beginnt: „Hör mal, das ist echt weit weg. Teuer ist es auch. Du musst dafür Urlaub nehmen, den wolltest du woanders verbringen. Sieh dir die Sache mal an, das wird bestimmt kein Vergnügen. Du blechst eine Menge Geld, damit sie dich durch die Mangel drehen."

Motivationstrainer nennen diese Hürde „Overcoming the Threshold Guardian", die Überwindung des Schwellenwärters. Seien Sie nicht böse auf diese Stimme des Verstands: In der Evolutionsgeschichte war sie wichtig, weil große Vorsicht das Überleben in einer rauen Natur garantierte. Heute ist diese Stimme einfach nur der Verhinderer. Ist das der Fall, dürfen Sie den Nörgler von der Schulter schnipsen. Sagen Sie ihm: „Danke für deine Einwände, doch die Sache ist beschlossen." Und dann: Just do it!

Ich schaufelte mir Zeit frei, buchte den Kurs und ein Ticket nach Malaysia, lernte dort die anderen Teilnehmer aus der ganzen Welt kennen und fand mich eines Morgens an einem dieser Strände ein, die so paradiesisch sind, dass nur noch der Liegestuhl und ein kühler Drink serviert in einer halben Kokosnuss zum wahren Glück fehlen.

Stattdessen baute sich vor uns einer der Hilfstrainer aus dem Team von T. Harv Eker aus. Er maß in der Länge die Hälfte von mir, war jedoch doppelt so breit. Irgendwer wusste, dass er bei den Marines oder einer anderen Eliteeinheit als Ausbilder Rekruten in den Hintern getreten hatte. Sein Job hier war ähnlich.

Vielleicht kennen Sie den Film „Full Metal Jacket" von Stanley Kubrick und die in die Kinogeschichte eingegangene Schimpftirade, mit der Unteroffizier Gunnery Sergeant Hartman die neuen Soldaten empfängt? Ganz so schlimm war es bei uns nicht, aber es ging in dieselbe Richtung. Der Trainer hatte einen Haufen Steine bereitgelegt und befahl uns, sie in den Rucksack zu packen, diesen zu schultern und den herrlichen Sandstrand entlangzulaufen, bis der Weg ins Landesinnere führte.

„Siehst du den Gipfel?", schrie er. „Dort musst du hoch!"

Der Berg, von dem er sprach, war weit weg. Was sage ich, er war viel zu weit weg. Zumindest für eine Teilnehmerin, die aus welchen Gründen auch immer ebenfalls Ekers Motivationsseminar gebucht hatte. Unsere Gruppe hatte den Strand noch nicht hinter sich gelassen, als sie schlappmachte. Das lag an ihrem Übergewicht, an ihrem schlechten Trainingszustand – und daran, dass wir kaum etwas trinken durften, bis das Ziel erreicht war. Nun lag sie vor uns, dehydriert und in erbärmlichem Zustand. Die Anweisung unseres Antreibers war deutlich gewesen: Jeder Teilnehmer der Gruppe musste auf den Berg rauf. Sollte einer das Ziel nicht erreichen, hätten es alle nicht erreicht.

„Was machen wir?", fragte einer der Mitstreiter.

Für mich war die Sache klar. Handball ist ein Teamsport. Man gewinnt gemeinsam, man verliert gemeinsam. „Wir tragen sie hoch", sagte ich.

Ich gebe zu: Unterwegs habe ich meine vorlaute Stimme bereut. Der Weg wurde immer steiler und steiniger und nahm kein Ende. Es sah vermutlich grotesk aus, wie wir unsere menschliche Last den Berg hinaufhievten. Es war unerträglich heiß, die Luftfeuchtigkeit fühlte sich an wie im Dampfbad, meine Zunge lag in meinem Mund wie ein Stück Kohle.

Christoph Strasser, sechsmaliger Sieger des längsten und härtesten Radrennens der Welt, dem Race Across America, sagt über diesen Zustand: „Es geht weiter, wenn du akzeptierst, dass die Grenzen nur in deinem Kopf existieren." Er muss es wissen. Wer auf dem Rad eine 4 940 Kilometer lange Strecke quer durch den amerikanischen Kontinent mit 35 000 zu bewältigenden Höhenmetern in 7 Tagen, 15 Stunden und 56 Minuten bei einer gesamten Schlafzeit von 9,5 Stunden bewältigt, der weiß, dass nicht Muskeln und Sehnen allein dafür verantwortlich sind. Grenzen verschiebt man nicht in der Komfortzone des Sofas zu Hause. Das ist der Grund, weshalb es manche in den Himalaya auf die höchsten Gipfel der Welt treibt, andere hinab in die Tiefsee oder wie Freya Hoffmeister aus Husum innerhalb von 332 Tagen im Kajak rund um Australien.

Wenn Sie Ihre Leistungsgrenzen derart nach außen verschoben haben, profitieren Sie später in sämtlichen Lebenslagen davon. Als wir auf dem Gipfel ankamen, hatte ich keine Kraft mehr, um in Jubel auszubrechen. Wir flößten der Frau Wasser ein, tranken unsere Ration, schnappten nach Luft.

Dann trat der Trainer auf uns zu. Seine Hand wies in die Ferne. „Es gibt zwei Wege zurück zur Unterkunft", sagte er. „Der eine führt hier entlang. Er ist kurz, aber er ist auch der Weg der Verlierer. Wer ihn nimmt, ist draußen. Der andere Weg dauert Stunden. Den werdet Ihr nehmen!" Er warf einen Blick auf unsere ausgepowerte Gruppe. „Bevor ich es vergesse. Sollte einer das Ziel nicht erreichen, haben es alle nicht erreicht."

Ist das der Moment, in dem Sie sich fragen: „Wie blöde bist du, dafür auch noch Geld auszugeben?" Ja, das ist er. Ist es daher auch der Moment, um die Brocken hinzuschmeißen? Auf keinen Fall!

Wir nahmen den langen Weg. Wir schleppten die Frau den Berg hinab bis zur Unterkunft, weil sie nicht in der Lage war, auch nur einen Schritt zu tun. Hätte einer das Ziel nicht erreicht, hätten es alle nicht erreicht, und das, wie es der Trainer so schön gesagt hatte, war „the name of the game".

An diesem Tag lag ich nicht am paradiesischen Strand im Liegestuhl und schlürfte aus einer halben Kokosnuss einen kühlen Drink. Am nächsten Tag tat ich das auch nicht und am übernächsten wieder nicht. T. Harv Eker hatte noch viele hübsche Übungen im Gepäck. Wahrscheinlich ist er der Grund, dass ich bis heute keine Lust mehr habe, in Malaysia Urlaub zu machen. Er hat es allerdings geschafft – und nur das zählt –, dass ich heute weiß, dass ich Leistungen jenseits meiner Vorstellungskraft erbringen kann. Heißt es, „The sky is the limit", der Himmel ist die Grenze, hebe ich die Hand und halte dagegen: „Nur wir sind die Grenze – und nur wir sind auch in der Lage, diese Grenze zu sprengen."

Muss ich mir Jahr für Jahr bestätigen, was ich damals erfahren habe? Soll ich auf den Mount Everest klettern, mich aufs Rad schwingen, um durch Amerika zu fahren, oder den australischen Kontinent im Kajak umrunden? Das ist nicht mehr nötig. Wenn Sie einmal erfahren haben, zu welchen Leistungen Sie in der Lage sind, kann Ihnen diese Einsicht niemand mehr nehmen. Dann können Sie den wichtigen Transfer herstellen und in Ihrem beruflichen und persönlichen Umfeld die Leistungsgrenze nach außen verschieben.

Für mich bedeutete das, dass ich meine Börsenziele neu definierte. Was ich zuvor für unmöglich gehalten hatte, wurde auf einmal möglich. Es kommt immer wieder vor, dass erfahrene Makler mir entgegenhalten, meine erzielten Renditen seien undenkbar. Allein im Wort undenkbar steckt ihr negativer Glaubenssatz. Es ist auch undenkbar, Amerika auf dem Fahrrad zu durchqueren und dabei so gut wie nicht zu schlafen. Es ist undenkbar, den australischen Kontinent in einem Miniboot zu umrunden und dreizehntausend Kilometer gegen Haie, Krokodile, starke Winde und meterhohe Wellen anzupaddeln. Und doch haben diese „undenkbaren Leistungen" Menschen wie du und ich geschafft. Da waren keine Roboter am Werk.

Freya Hoffmeister berichtete, dass die Haiangriffe ihr ganz schön zusetzten. „Ich habe keine Sekunde ans Aufgeben gedacht", fügte sie hinzu.

So erging es mir in Malaysia. Ich habe dem Plagegeist von Trainer allerhand nette Namen verpasst, doch dabei habe ich keine Sekunde ans Aufgeben gedacht. Das ist der Spirit, der durch die Ulrich Müller Wealth Academy weht, von dem alle Teilnehmer profitieren, und der ein wichtiger Grund ist, weshalb wir „undenkbare" Renditen erzielen.

Ich kann Ihnen etwas versichern: Sind Ihre persönlichen Grenzen nach außen verschoben, kommt Ihnen das Leben federleicht vor. Was kann noch passieren, wenn Sie wissen, zu was Sie in der Lage sind? Selbst die Berechnung des Zinseszins verliert da ihren Schrecken. Meine Hand drauf!

Nun haben Sie erfahren, wie Sie mit Dividendenaktien auf bequeme Art und Weise Ihr Geld vermehren können. Sie wissen auch, dass es einen Turbo gibt mit dem hübschen Namen Zinseszins. Nehmen wir nochmals unsere 10 000 Euro Einmalanlage, aus der wir im vorigen Kapitel mit der jährlichen Verzinsung von 3 Prozent nach zwanzig Jahren 18 061 Euro erzielten, und bei der 12-prozentigen Rendite im gleichen Zeitraum 96 463 Euro. Nun schalten wir den Turbo ein und machen aus den 10 000 Euro satte 663 777,15 Euro – und das nicht in zwanzig, fünfzehn oder zehn Jahren, sondern in nur sechs Jahren. Zauberei? Nein. Undenkbar? Erst recht nicht. Das Ganze nennt sich Zinseszinssystem. Ich will es Ihnen gerne vorstellen.

Wir rechnen nun ein bisschen – doch wie gesagt, jeder kriegt das hin! Dass Geld verzinst wird, kennen Sie – oder sagen wir, kannten Sie, bevor in unseren Tagen die Niedrigzinszeit eingeläutet wurde. In der guten alten Zeit kursierte folgender Witz: „Wie lautet die 1-2-3-Formel des erfolgreichen Bankers? Für 1 Prozent geliehen, für 2 Prozent verliehen, 3 Uhr Golfplatz."

So viel aus der Rubrik „Es war einmal". Die Zeiten, als Banker auf diese Weise gute Geschäfte machten, sind vorbei. Die niedrigen Zinsen, auch für Banken selbst, werden uns noch lange begleiten – was nicht heißt, dass es keine Zinsen mehr gibt. Vorhang auf für den Zinseszins!

Per Definition ist der Zinseszins der Zins, der dem Kapital hinzugefügt wird, also zum geltenden Zinssatz mit dem Kapital verzinst wird. Auf gut Deutsch stecken Sie Ihre Zinsen nicht in die Hosentasche, um sich was Hübsches zu kaufen, sondern belassen sie dort, wo sie meiner Meinung nach auch hingehören, nämlich bei

Ihrem Kapital. In der nächsten Runde wird dieses Kapital plus Zinsen erneut verzinst, in der nächsten Runde wieder und so weiter und so fort. Die Mathematiker nennen das exponentielle Steigerung, die deshalb so schön ist, weil sie im Laufe der Zeit immer steiler wird. Was nichts anderes bedeutet, als dass Ihr Kapital wächst und wächst. Sie ahnen, warum mir der Zinseszinseffekt gut gefällt: Er verbindet das Sparen mit der Möglichkeit, in Rekordzeit zu einem Vermögen zu kommen.

Es lohnt sich, in die Geschichte des Zinseszinses einzutauchen. Der indische Mathematiker Aryabhata legte im 5. Jahrhundert erste mathematische Berechnungen dazu vor. Die Welt, wie wir sie heute kennen, wurde von langen Verboten des Zinses und des Zinseszinses von weltlicher als auch von kirchlicher Seite geprägt, doch auch von der Wiederauferstehung durch Kaiser Friedrich III. Der erklärte im Jahr 1470, dass Handel und Gewerbe ohne Zinseszins keinen Bestand hätten. In Frankreich rückte man erst im März 1804 im „Code civil" vom herrschenden Zinseszinsverbot ab. Trotzdem ging der Streit darüber weiter.

Albert Einstein soll im Jahr 1921 bemerkt haben, dass die größte Erfindung des menschlichen Denkens der Zinseszins sei. Ob man ihm diese Aussage untergeschoben hat, ist umstritten, was nichts an ihrer Richtigkeit mindert. Nur der Zinseszins kann zum exponentiellen Wachstum eines Vermögens beitragen. Dieses Wachstum fällt umso größer aus, je höher das zu verzinsende Kapital und das Zinsniveau sind und je länger die Laufzeit ist. Hier finden wir wieder unsere altbekannten Stellschrauben Zeit und Rendite vor.

Ich erspare Ihnen alle Formeln, die zur Berechnung des Zinseszinses herangezogen werden. Dafür mache ich Sie auf die 72er-Regel aufmerksam, die allen Absolventen der Ulrich Müller Wealth Academy Freude bereitet. Mit ihr kann man bestimmen, wann sich ein Investment verdoppelt.

Es ist eine Faustformel, wir brauchen daher keine präzise Berechnung durchzuführen, um zum Beispiel herauszufinden, dass sich eine Kapitalanlage mit einem Zinssatz von 8 Prozent p. a. in neun Jahren verdoppelt. Bei einem Zinssatz von 6 Prozent p. a. verdoppelt sich das eingesetzte Kapital in zwölf Jahren.

Für alle, denen es in den Fingern juckt: Wenn Sie wie viele Absolventen der Ulrich Müller Wealth Academy 3 Prozent im Monat machen, wann verdoppelt sich dann Ihr Anfangskapital? Richtig, nach weniger als zwei Jahren!

Haben wir mit dem Zinseszinseffekt das Ende der Fahnenstange in Sachen Vermögensbildung erreicht? Mitnichten! Zu unseren Stellschrauben Zeit und Rendite gesellt sich jetzt noch das Sparen. Angenommen, Sie investieren 10 000 Euro und fügen dieser Summe einen monatlichen Sparplan von 150 Euro hinzu. Zusammen mit dem Zinseszinssystem werden daraus in sechs Jahren 827 071,44 Euro. In DM-Zeiten wären Sie bereits Millionär, doch auch in Euro-Zeiten dauert es nicht mehr lange.

Und wir können die Fahnenstange weiter hochklettern, weil es noch ein weiteres lukratives Renditeinstrument gibt. Es heißt „Mieten auf Aktien einnehmen". 1999, als ich das erste Mal davon Wind bekam, dachte ich: Ist in Deutschland unmöglich! Sie haben recht, das ist kein guter Glaubenssatz, und ich habe ihn bald geändert.

Damals war ich auf einem Seminar mit dem bezeichnenden Namen „Befreie deine innere Kraft". Ähnlich wie T. Harv Eker hatte der Motivationscoach Anthony Robbins weitere Trainer mit am Start. Einer von ihnen war der Investmentstratege Chuck Mellon. Er hatte nur eine kurze Redezeit zur Verfügung, da es in Robbins Seminar nur zweitrangig um Geld ging. Zum ersten Mal hörte ich von Aktien, bei denen man Mieten in Form von Prämien einnehmen konnte.

„Ups", dachte ich, „warum nutzt das dann keiner? Na klar, weil es unmöglich ist." Oder lag es daran, dass es keiner kannte?

Schließlich hat die Finanzelite manches Geheimnis, das sie ungern lüftet.

Trotz des negativen Glaubenssatzes ließ mich die Sache nicht los. Ähnlich wie ein Christopher Strasser oder eine Freya Hoffmeister gab ich nicht auf. Es dauerte fünf Jahre, bis mein stures Beharren Früchte trug. In dieser Zeit lernte ich den wahren Turbo kennen, um aus meinen Geldanlagen dieses große Vermögen zu generieren, was der Grund ist, weshalb wir uns in diesem Buch treffen: Ich wurde sehr reich und entwickelte die Methode, wie auch Sie das schaffen können.

Die Überwindung des Schwellenwärters

Golfspielen ist Erholung. Daran zu arbeiten ist Golf.
Bob Hope (1903–2003), Entertainer

Tiger Woods ist einer der erfolgreichsten Golfspieler der Sportgeschichte. Während ich das schreibe, hat er 15 der wichtigsten Turniere auf dieser Welt gewonnen. Dazu hält er den Rekord von 82 Turniersiegen auf der PGA-Tour, führte die Weltrangliste sagenhafte 683 Wochen an und verdient pro Jahr um die 80 Millionen Dollar. Diese Erfolge sind nicht der alleinige Grund, weshalb ich ihn schätze. Tiger Woods kennt auch die Schattenseiten des Lebens. Er war häufig verletzt – oh ja, auch beim Golfen kann man sich schwerwiegende Verletzungen zuziehen – und ging durch das tiefe Tal der Tränen, als es Enthüllungen über sein Privatleben gab, die sein weltweites Ansehen ramponierten. Er ließ sich aber nicht unterkriegen, rappelte sich wieder auf und kehrte an die Weltspitze zurück. Meinen Respekt vor dieser Leistung!

Über Tiger Woods erzählt man sich folgende Geschichte: Ein Mann kam vorbei, als der Champion gerade Bälle über den Platz schlug. „So wie Sie würde ich gerne Golf spielen können", sagte der Mann.

Tiger Woods schlug einen Ball, dann sah er auf. „Das glaube ich nicht", entgegnete er.

„Doch, natürlich!", rief der Mann. „Sie sind der einzige

Spieler, der die Titel der drei WGC-Turniere zeitgleich hielt. Und auch der einzige Golfer der US-Tour, der in drei Saisons acht Turniere gewonnen hat. Und der einzige, dem es mehr als einmal gelang, fünf Turniere der US-PGA-Tour in Folge zu gewinnen. Außerdem sind Sie der einzige Spieler, der …"

„Ich glaube das trotzdem nicht", unterbrach ihn Tiger Woods. Konzentriert schlug er einen Ball, dann sah er erneut auf. „Ich war ein halbes Jahr alt, als ich anfing, die Golfschwünge meines Vaters zu imitieren. Mit zwei Jahren begann ich, ernsthaft zu trainieren. Seither tue ich wenig anderes, als Tag für Tag Golfbälle zu schlagen. Heute ist schönes Wetter, aber ich stehe auch hier, wenn es regnet, schneit oder Katzen hagelt. Ich schätze, da sitzen Sie am warmen Feuer. Während Sie das Leben genießen, schlage ich Golfbälle. Tausende, Zehntausende, Hunderttausende, eine Million. Wollen Sie noch immer sein wie ich?"

Der Mann sah ihn lange an. Dann trottete er davon, ohne eine Antwort zu geben, während Tiger Woods den nächsten Ball schlug.

Wir müssen hier nicht über die Moral der Geschichte sprechen, sie liegt auf der Hand. Ich erzähle davon, weil ich mich selbst für ein halbes Jahr auf die Spuren von Tiger Woods begab. Es war vor der Zeit der Ulrich Müller Wealth Academy. Ich war reich, hatte viel erreicht im Leben und dachte mir, warum nicht golfen gehen wie andere auch? Natürlich packte mich auf dem Golfplatz der Ehrgeiz. Ein halbes Jahr lang schlug ich Bälle bei Sonnenschein, Regen, Schnee und wenn es Katzen hagelte. Ich verbesserte mich enorm und gab ein gutes Bild auf dem Grün ab. Dann, eines Tages, fragte ich mich: „Was machst du eigentlich hier? Das kann es doch nicht gewesen sein!"

Am nächsten Tag schlug ich keinen Golfball. Weil sich meine Aufgabe in den Vordergrund drängte. Wollte ich werden wie Tiger Woods?

Ich konnte seine Antwort hören: „Gewiss nicht! Deine Berufung ist eine ganz andere."

Ja, dachte ich, stimmt. Meine Berufung lautet: „Ich löse das Problem der finanziellen Freiheit von Menschen."

Von da an wusste ich wieder, wo ich hingehörte. Ich hoffe, der Mann, der Tiger Woods damals angesprochen hat, um anschließend wortlos wegzutrotten, weiß es inzwischen auch.

Erinnern Sie sich an den Schwellenwärter, der uns im vorigen Kapitel begegnet ist? Wann immer wir etwas Neues beginnen, werden wir es mit Hindernissen zu tun bekommen, die das Prädikat eines Schwellenwärters verdienen.

Die Ulrich Müller Wealth Academy war gerade aus dem Ei geschlüpft, das erste Seminar stand an. Meine Premiere auf der Bühne also – ausgerechnet in diese Zeit fiel die Geschichte mit dem Cochlea-Implantat für meinen Sohn. Sie werden es nachvollziehen können, dass ich enorme Schwierigkeiten hatte, mich auf den Workshop zu konzentrieren. Endlich sagte ich zu meinem Mitarbeiter: „Sag allen Teilnehmern ab. Ich schaffe das nicht."

Eine Weile herrschte Schweigen im Besprechungsraum. Wenn wir uns den Schwellenwärter als realen Menschen vorstellen – eine Art bulligen Türsteher, der dafür sorgt, dass manche Leute nicht in den angesagten Club gelangen –, dann machte er es sich gerade so richtig schön gemütlich. Ich kann mir sein höhnisches Grinsen vorstellen und weiß, was er zu sagen hatte: „Das hat sich der Ulli schön ausgedacht. Seminare will er geben und anderen Leuten beibringen, wie sie reich werden. Dabei wackelt er schon, wenn ihm der Wind mal kalt ins Gesicht bläst. Nee, nee, lass das sein, mein Bester. Wärst du doch besser beim Golfen geblieben."

Ein Schwellenwärter ist nicht so einfach von der Schulter zu schnipsen wie der kleine Kerl, der die Stimme der Vernunft verkörpert. Schwellenwärter haben ein anderes Kaliber. Sie stellen die Sinnfrage. Sie wollen von uns wissen, ob wir für das Abenteuer auch wirklich bereit sind. Wenn Sie mit einem Schwellenwärter konfrontiert werden, ist es gut, einen wohlmeinenden Berater an der Seite zu wissen. Das hatte ich.

„Ulli!", meinte mein Mitarbeiter. „Überleg mal, was wir geleistet haben, um an diesen Punkt zu gelangen. Wir haben die letzten Monate Gas gegeben, um die Akademie auf die Beine zu stellen. Was hast du nicht alles auf dich genommen! Seminare, Schulungen, du warst sogar bei diesem verrückten Ami, der dich mit Steinen im Rucksack auf die Berge gejagt hat. Denk an die Tausenden Stunden an der Börse! Denk an Tiger Woods! Der hat auch weitergemacht, als die Kacke am Dampfen war. Verdammt noch mal, du musst das Seminar halten! Das bist du dir schuldig! Du bist es uns allen schuldig!"

Jedes Wort war ein Schlag ins Gesicht des Schwellenwärters. Den wir am Ende aber persönlich überwinden müssen. Als mein Mitarbeiter schwieg, stieg in mir ein Gedanke auf. „Auch dein Sohn möchte, dass du das Seminar gibst. Tu es für ihn!" Auf einmal war es klar: „Also gut", sagte ich. „Ich mach's!"

Wäre ich da, wo ich heute bin, wenn ich mich anders entschieden hätte? Sie kennen den Spruch „Hätte, hätte, Fahrradkette!". In unserer Branche gibt es die passende Version: „Wer sind die drei reichsten Familien an der Börse? Hätte, Wenn und Aber!"

Ich bin der Überzeugung, dass es von entscheidender Wichtigkeit war, an diesem Tag den Schwellenwärter zu überwinden. Ich bin mir auch sicher, dass Sie diesem ebenfalls schon das eine oder andere Mal begegnet sind. Jeder tut das.

Kürzlich rief mich ein Freund an. Er hatte erfolgreich das gesamte Programm der Wealth Academy durchlaufen und war bestens gerüstet für seinen ersten Börsendeal. In einem unserer Module erhalten Sie eine Trading-Plattform und die Möglichkeit, am Simulator zu üben. So können Sie gefahrlos Ihre ersten Erfahrungen sammeln. Auch das hatte mein Freund getan. Nun war er bereit, an Stelle von Spielgeld eigenes Geld einzusetzen. Wir zwei kennen uns seit ewigen Zeiten, und ich weiß, dieser Kerl fürchtet weder Tod noch Teufel. Doch jetzt zitterte seine Stimme. „Mein Zeigefinger schwebt über der Return-Taste", sagte er. „Wenn ich sie drücke, ist der Deal gemacht. Aber ich schaffe es nicht."

Da war er, der Schwellenwärter. Der musste überwunden werden. Mein Freund ist keiner, der eine Ansprache benötigt oder einen Pep Talk. Er brauchte mich als Zeugen, dass er bereit war, den ersten Schritt in Richtung finanzielle Freiheit zu gehen.

„Just do it", sagte ich daher.

Ich hörte ein leises Klacken der Tastatur. Dann drang seine Stimme aus dem Hörer, von einer schweren Last befreit. „Ich habs getan!"

Ich gratulierte ihm herzlich.

Vor jedem großen Schritt in unserem Leben baut sich ein Schwellenwärter vor uns auf. Wir überwinden ihn, um uns sicher zu sein, dass wir bereit sind, neue Wege zu beschreiten.

Ich denke, darin sind wir uns mittlerweile sicher einig: Acht Prozent Zinsen im Jahr sind uns zu wenig, seit wir wissen, wie hoch die Fahnenstange in den Himmel ragt. Falls Sie sich dazu entschließen, sich nach der Lektüre des Buches an der Wealth Academy das nötige Rüstzeugs anzueignen, werden Sie bald zu denen gehören, die bei acht Prozent milde lächeln. Nehmen wir trotzdem mal diese Zahl.

Nach einer Studie der DZ-Bank ließen die Deutschen 2017 rund 1,5 Billionen Euro nahezu zinslos auf Bankkonten vermodern. Heute dürften es sogar noch mehr sein. Davon abgesehen, dass dadurch die gigantische Summe von 38 Milliarden Euro durch Inflation verloren ging, wollen wir ausrechnen, welche Summe dazugekommen wäre bei acht Prozent Zinsen im Jahr, die zu erreichen ein Klacks ist: 120 Milliarden Euro Zinsen ließ der deutsche Bürger auf der Straße liegen! Nur mal zum Vergleich: 2019 lag die deutsche Staatsverschuldung bei knapp 1,9 Billionen Euro. Auch darin hat sich ein bisschen was geändert seit der Coronapandemie. Ich bin davon überzeugt, der Finanzminister wüsste mit den Zinsen etwas anzufangen, die wir uns jedes Jahr durch die Lappen gehen lassen.

In manchen Interviews hört man mich sagen: „Ich kann nicht viel, aber ich kann Geld, Börse und Finanzen, da bin ich unsterblich gut." Weil dem so ist, könnte ich im selben Atemzug mein großes Unverständnis darüber ausdrücken, weshalb sich viele Menschen dieses schöne Geld entgehen lassen. Weshalb manche lieber einen zweiten oder dritten Job annehmen und sich den Rücken krumm schuften.

Reiche Menschen wissen, dass einer der besten Arbeitnehmer das eigene Geld ist, weil es unermüdlich vierundzwanzig Stunden am Tag, sieben Tage die Woche, das ganze Jahr lang arbeitet. Arme Menschen nutzen den besten Arbeitnehmer nicht und tauschen lieber ihre Zeit gegen Geld ein.

Natürlich, da ist das urdeutsche Thema Sicherheit, wir haben darüber gesprochen. Wenn man weiß, dass Aktien – zumindest die, mit denen wir uns in der Wealth Academy beschäftigen – die sicherste Geldanlage sind, sollte jeder die Ohren spitzen.

Was also passiert in der Ulrich Müller Wealth Academy, und wie kann es sein, dass unsere Absolventen diesen Wissensvorsprung erwerben? Ein Geheimnis ist es nicht: Sie durchlaufen vier Schritte, für die sie gar nicht so viel Zeit benötigen. Zwei konzentrierte Tage genügen. Danach erhalten Sie einen Support über ein ganzes Jahr.

Während dieser zwei Tage beschäftigen wir uns mit Qualitätsaktien. Sie wissen inzwischen, dass es viele Aktienunternehmen auf der Welt gibt – allein in den USA können wir aus rund dreißigtausend wählen. Ist das die Qual der Wahl oder gibt es Merkmale, mit denen wir die besten Unternehmen herausfiltern? Ja, die gibt es. Dieses Filtern ist eine der Aufgaben, denen sich Warren Buffett in jungen Jahren widmete, und auch heute macht er wenig anderes.

Der Filter, den ich entwickelt habe und den wir den Teilnehmern der Wealth Academy zur Verfügung stellen, hat ein feines Sieb. Wie bei Aschenputtel, wo das Mädchen eine Schüssel voll Linsen bis zum Abend auslesen muss und ihr zwei Tauben dabei helfen, ist die Sache recht einfach. Aschenputtel sagt den Tauben: „Die schlechten ins Kröpfchen, die guten ins Töpfchen“, und wir machen es ähnlich. Von den dreißigtausend erwähnten amerikanischen Aktienunternehmen gibt es eine Vielzahl, deren Emissionen ich nicht mit der Kneifzange anfassen würde. Daher landen die meisten Aktienunternehmen im Kröpfchen und nur wenige im Töpfchen.

Nachdem wir gesiebt und gefiltert haben, bleiben gerade mal dreihundert Aktienunternehmen übrig. Das reicht vollkommen aus. Die Aktien dieser Firmen sind Qualitätsaktien. Wie wir sie finden, ist Kärrnerarbeit. Um es mit dem geflügelten Wort des Medienunternehmers und Herausgebers des Magazins Focus zu sagen, zählen nur „Fakten, Fakten, Fakten". Bei uns sind das Unternehmerdaten, Marktwerte, Bilanzen und vieles mehr. Das ist der langweilige Teil des Unternehmens, und weil wir wissen, dass es nicht jedermanns Sache ist, in Fakten, Fakten, Fakten zu wühlen, kriegen unsere Teilnehmer ein Werkzeug an die Hand, das ihnen einen Großteil dieser Arbeit abnimmt.

Im nächsten Schritt widmen wir uns der Charttechnik. Mit ihrer Hilfe finden wir heraus, in welche Richtung die Aktie sich bewegt. Das ist nicht das Orakel von Delphi, und wir blicken auch nicht in eine Glaskugel. Bei der Charttechnik geht es um den Kursverlauf. Uns interessieren Tiefst- und Höchstkurse, Eröffnungs- und Schlusskurse. Momentan würden Sie das Abbild dieser Charts eher der abstrakten Malerei zuordnen, doch schon nach wenigen Schulungsstunden entsteht daraus ein Bild, das Sie bei Kauf- und Verkaufsentscheidungen sinnvoll unterstützt.

In Schritt drei beschäftigen wir uns mit Indikatoren. Sie sollten das Buch nicht zuklappen, auch wenn ich Ihnen nun sage, dass es sich dabei um reine Mathematik handelt. Nur weil ich Indikatoren liebe, gehe ich nicht davon aus, dass es alle anderen auch tun. Das brauchen Sie auch nicht. Sie sollten nur verstehen, was diese Indikatoren Gutes bewirken.

An der Börse gibt es über dreihundert Indikatoren. Jeder von ihnen beschäftigt sich damit, ob Aktien steigen oder fallen. Manche von ihnen klingen exotisch, wie zum Beispiel der Superbowl-Indikator. Der Superbowl ist das größte Einzelsportereignis der Welt. An diesem Tag wird das Finale der American-Football-Profiliga National Football League ausgetragen. Es treten die Sieger der American Football Conference (AFC) und der National Football Conference (NFC) gegeneinander an. Rund um den Globus sitzen eine Milliarde Zuschauer vor dem Fernseher, um das Spiel zu sehen. In der Halbzeit treten Superstars auf. Und wenn dort, wie 2004, etwas Ungewöhnliches passiert, kann das die Weltnachrichten beeinflussen.

In jenem Jahr verrutschte Janet Jackson das Oberteil, sodass für eine winzig kurze Zeit ihr Busen zu sehen war. In Anlehnung an Watergate kreierten die amerikanischen Medien das Wort Nipplegate, und der Skandal, wenn es denn einer war, verdrängte für Monate alle anderen Schlagzeilen aus den Medien.

Das also ist der Superbowl – ein Riesengeschäft!

Natürlich gibt es eine sportliche Statistik, ähnlich wie bei uns, wenn wir wissen wollen, wie oft der FC Bayern, Borussia Mönchengladbach oder der Hamburger SV die Deutsche Bundesliga gewonnen hat. Diese Statistik kann man mit anderen Statistiken abgleichen, zum Beispiel der Frage, mit welchem Kurs der DAX am Tag dieser Meisterschaft abgeschlossen hat. Wer weiß, ob sich aus diesen Zahlen nicht ein Trend ablesen lässt?

Nun, ich kann Sie beruhigen: Was Fußball und den DAX angeht, hat sich daraus kein ernst zu nehmender Indikator entwickelt. Anders ist es beim Superbowl. Ein paar gewiefte Mathematiker errechneten, was mit dem amerikanischen Leitindex Dow Jones passiert, wenn entweder ein Team aus der AFC gewinnt oder eines aus der NFC die Nase vorn hat.

Von solchen Indikatoren soll es über dreihundert Stück geben? Wenn Sie sich mit allen beschäftigen sollten, brauchen Sie keine anderen Hobbys mehr. Ich habe das lange Zeit getan, damit es die Teilnehmer der Ulrich Müller Wealth Academy nicht mehr tun müssen. Im Laufe der Jahre habe ich mich auf sechs Indikatoren spezialisiert – der Superbowl-Indikator ist nicht darunter – und sie auf mein Wissensbedürfnis heruntergebrochen. Ich habe diese Indikatoren getestet, durch die Mangel gedreht, auf den Kopf gestellt – kurz gesagt: Sie mussten meinen TÜV bestehen. Mittlerweile arbeite ich seit über fünfzehn Jahren damit und erziele eine extrem hohe Trefferquote. Ich muss mich korrigieren – nicht ich allein erziele mit ihnen eine extrem hohe Trefferquote, sondern alle Teilnehmer der Ulrich Müller Wealth Academy, sofern sie damit arbeiten.

Im Ergebnis zeigen diese Indikatoren an, ob die Aktien fallen oder steigen, während uns die Charttechnik sagt, wie weit sie fallen oder steigen. Daraus lässt sich der Schluss ziehen, um den es an der Börse geht: Kaufen oder verkaufen? Auch dafür gibt es eine einfach Lösung: Kaufe Aktien, wenn sie unten sind, und verkaufe sie, wenn sie oben stehen. Die Frage ist, wann ist „unten" und wann „oben". Die Antwort darauf erhalten Sie durch meine Indikatoren.

In diesen drei Schritten der Ausbildung beschäftigen wir uns also mit Unternehmens- und Aktienqualität und mit Fragen, wohin diese Aktien gehen und wie weit sie dabei gehen.

Im vierten Schritt kommen wir zum Turbo. Weil wir den Begriff so freizügig gebrauchen, lohnt sich ein Blick, woher er stammt. Turbo ist das Kürzel für den Turbolader, der beispielsweise im Auto den Job hat, die dem Motor zugeführte Verbrennungsluft zu verdichten. Dadurch wird eine bessere Füllung der Zylinder erreicht und eine höhere Motorleistung bei niedrigerem Verbrauch und besseren Emissionswerten erzielt.

So ein Turbo birgt also Vorteile. Das tut unser Turbo auch. Während er im Motorsport den Rennwagen beschleunigt, erhöht er bei uns die Renditen. Ich habe ihm einen speziellen Namen verpasst. Es ist eine Wortschöpfung, auf die ich tatsächlich ein wenig stolz bin. „Mieten einnehmen mit Aktien" heißt unserer Turbo. Und ich schicke voraus: Falls Sie Ihren Bankberater fragen wollen, ob er davon gehört hat, werden neun von zehn dieser Experten mit den Schultern zucken. Dabei ist die Sache weder kompliziert noch exotisch.

In den USA ist dieses System gang und gäbe. Dort hat der durchschnittliche Sparer auch über 260 000 Dollar auf der hohen Kante liegen, während es bei uns, im vermeintlichen Land der Sparweltmeister, nur 73 000 Dollar sind. Amerikanische Sparer kassieren offenbar eine viel höhere Rendite – und ganz gewiss nicht durch Sparbuchzinsen, denn diese sind im Land der unbegrenzten Möglichkeiten so unterirdisch niedrig wie bei uns, sondern durch Mieteinnahmen auf Aktien. Um noch einmal Warren Buffett ins Spiel zu bringen: Neben seiner Konzentration auf Qualitätsunternehmen sind diese Mieteinnahmen der Schlüssel zu seinem Reichtum.

Wie das alles funktioniert? Vielleicht sind Sie ja Eigentümer einer vermieteten Immobilie, dann brauche ich Ihnen nicht zu erklären, was Mieteinnahmen sind. Als Mieter wissen Sie ebenfalls Bescheid, weil Sie für diese Einnahmen aufkommen. Was eine Immobilie tut, ist, ihrem Eigentümer jeden Monat Cash Flow generieren. Das können Aktien ebenfalls, und das wiederum sind die Mieteinnahmen. Sie stammen aus Zukunftsgeschäften, die wir Optionen nennen.

Doch halt! Optionen und Optionsscheine sind zweierlei Stiefel. Sie werden oft in einem Atemzug genannt und haben doch nichts miteinander zu tun. Über Optionsscheine lesen Sie immer wieder in der Zeitung, gerne in Verbindung mit einer pleitegegangenen Bank. Ziehen wir gerne die berühmt-berüchtigte Lehman Brothers Bank heran. Das war eine alteingesessene Bank, gegründet 1850 in Montgomery, Alabama, von den vier Söhnen eines fränkischen Viehhändlers aus Rimpar. Zur Zeit der Insolvenz beschäftigte sie weltweit 28 600 Angestellte. Wer 2008 Zertifikate oder Optionsscheine von Lehman Brothers besaß, guckte ganz schön in die Röhre.

Anders ist es mit Optionen. Die werden ausschließlich an der Terminbörse gehandelt. Diese kann, anders als eine Bank oder ein Unternehmen, nicht pleitegehen. Sie ist keine Präsenzbörse, sondern eine Computerbörse, die trotzdem nicht anders funktioniert als die Börse des 14. Jahrhunderts im Gasthaus der Familie van de Beurse aus Brügge. Gut, an einer Computerbörse muss man ohne geschmortes Kaninchen mit Pflaumen und gedämpften Aal in Kerbelsauce auskommen, es sei denn, jemand serviert das Gericht an den Computer. Doch nach wie vor geht es darum, Angebot und Nachfrage zusammenzubringen.

Diese Terminbörse ist der Ort, an dem die Teilnehmer und die Absolventen der Ulrich Müller Wealth Academy ihre Mieteinnahmen generieren, weil sie genau dort Optionen verkaufen. Sie machen dasselbe, was ich tue, was Warren Buffett tut und was Sie hoffentlich ebenfalls bald tun.

Zugegeben, Sie müssen erst ein bisschen was lernen. Doch das macht allen einen Riesenspaß, denn auf einmal sind Sie Marktteilnehmer. Vergessen Sie nicht, dass Sie ein Teil des Unternehmens sind, von dem Sie Aktien erwerben. Ist es ein Qualitätsunternehmen, dessen Produkte oder Dienstleistungen für echte Werte stehen, entsteht ein gutes Gefühl, mit von der Partie zu sein. Kommt dann auch noch Monat für Monat Geld durch die Mieteinnahmen auf Aktien rein, entsteht noch mehr vom guten Gefühl. Fließen auch noch Dividenden, können wir uns vor lauter gutem Gefühl gar nicht mehr retten. Ganz gewiss ist das mit ein Grund, weshalb achtzig Prozent aller von uns geschulten Teilnehmer bei der Stange bleiben.

Wie beginnen wir also? Wir schulen Sie, eröffnen für Sie das Konto bei der richtigen Bank, spielen Ihnen die Software auf den Computer, bieten Ihnen den Simulator zum Üben an und sorgen für eine gute Betreuung. Nicht umsonst spreche ich von meiner Börsenfamilie, weil wir einen fürsorglichen Umgang miteinander pflegen. Wenn Sie das Buch bis hier aufmerksam gelesen haben, wissen Sie, wie wichtig mir Familie ist.

Immer wieder werde ich gefragt: „Ulli, die Sache interessiert mich. Aber ich bin nicht Tiger Woods, ich will noch mehr tun, als Golfbälle zu schlagen, oder – in unserem Fall gesprochen – vor dem Computer zu sitzen und zu traden. Also, sag an: Wie viel Zeit muss ich da investieren?"

Mein Ausflug in Tiger Woods ureigene Gefilde hat mir die Antwort gegeben: Sie können diesen Weg gehen – Tag für Tag Golfbälle schlagen – oder – um in unserem Metier zu bleiben – ein Leben lang Erfahrung an der Börse sammeln. Oder Sie nutzen mein geballtes Wissen. Dann brauchen Sie all die Zeit, die ich benötigte, um die Indikatoren richtig einzustellen, nicht selbst zu investieren. Ich habe das bereits für Sie erledigt.

Das ist der große Vorteil meines Gewerbes im Gegensatz zu dem von Tiger Wood. Wie könnte ein aufstrebender Golfspieler seine Erfahrung nutzen? Tiger Woods unnachahmlicher Abschlag lässt sich nun mal nicht kopieren.

Meine Methode dagegen schon. Aus diesem guten Grund kommen Sie mit einer halben bis ganzen Stunde pro Tag aus. Mein System ist ganz bewusst kein Day Trading, bei dem der Broker mit rot entzündeten Augen den lieben langen Tag auf gleich acht Bildschirme starren muss. Ich trade in der Regel 30 bis 45 Minuten am Tag – manchmal am Strand, manchmal im Garten.

Sind wir uns einig? Das Einzige was Sie jetzt noch vom Erfolg trennt, ist: Just do it!

Erfolgsrezepte

Ein wahrer Künstler ist keiner, der Inspiration findet; sondern einer, der andere inspiriert.
Salvador Dalí (1904–1989), Maler

Ich habe Ihnen erzählt, wie wichtig das Gesetz der Anziehung für uns ist. Wer sich mit inspirierenden Menschen statt mit Trauerklößen umgibt, wird irgendwann selbst andere Menschen inspirieren. Dass es bei mir so gekommen ist und ich mir mit der Ulrich Müller Wealth Academy einen geeigneten Ort dafür schaffen konnte, macht mich froh. Natürlich kann man nicht in allen Dingen des Lebens Vorbild sein – das trifft auch auf Menschen zu, die mir selbst Vorbild waren. Wer lange genug gräbt, findet bei jedem Brüche und Widersprüche, und das ist gut so. Es sind schließlich auch unsere Schwächen und wie wir sie überwinden, die zur Inspiration anderer Menschen führen. Es spielt keine Rolle, wie oft Sie hinfallen, sofern Sie wieder aufstehen und weitermachen.

Ich verdanke viel dieser Disziplin, doch bin ich kein Disziplinfanatiker. Auch bei mir gibt es Widersprüche. So investiere ich in Firmen, die im Kreuzfeuer der Kritik stehen. Daher versuche ich zwar, Menschen ein Beispiel zu geben, sage aber niemals: „Am besten ist, du ahmst mich nach.“ Jeder soll seinen eigenen Weg beschreiten.

Wenn ich Menschen dazu anregen kann, ihr hart verdientes Geld in lukrativere Anlagemöglichkeiten zu investieren als es Sparbuch oder Tagesgeldkonto darstellen, geht es mir darum, eine Navigationshilfe zu sein. Man kann mit ihr schneller ans

Ziel gelangen, doch man kann auch die vorgeschlagene Route verlassen, um der eigenen Nase zu folgen. So halte ich es selbst. Ich weiß gut, was ich kann, und ich weiß, wovon ich besser die Finger lasse. Fragen Sie meine Frau, ob sie mich dazu anhält, die Waschmaschine zu bedienen, und Sie wissen, was ich meine.

Geht es aber darum, eine Strategie zur Erreichung der finanziellen Freiheit für Jedermann und Jedefrau zu entwerfen, brauche ich mich nicht zu verstecken. Dann stelle ich mich gerne ins Rampenlicht und spreche über Erfolgsrezepte, die bei mir funktioniert haben. In diesem Sinne, Bühne frei für meine positiven Glaubenssätze.

Glaube an dich!

Diesen Satz finden Sie in jedem Ratgeber, egal, ob es sich um ein schlichtes Allerweltsbüchlein handelt oder ein versiert geschriebenes Standardwerk. Übers Wiederaufstehen haben wir wiederholt gesprochen, und genau darin liegt der Glaube an sich selbst.

Meine Zeit des wiederholten Fallens war in der Schule. Obwohl ich mit dem Lernstoff keine Probleme hatte und alles verstand, versagte ich immer wieder in Prüfungen. Stand dann wieder die Versetzung Spitz auf Knopf, sprach ich bei meinem Vater vor, damit dieser seine Beziehungen spielen ließ. Das verschaffte mir zwar die Gewissheit, dass Vitamin B im Leben durchaus nützlich ist, doch nicht den nötigen Glauben an mich selbst.

Als ich nach meiner Zeit als Maurer in die Selbstständigkeit ging und 2005 so viele Schulden zusammen hatte, dass meine Frau und ich von 1200 Euro netto im Monat leben mussten, hätte das auch am Glauben an mich selbst nagen können. Was sorgte am Ende dafür, dass ich Boden unter die Füße bekam?

Harte Arbeit? Ja. Disziplin? Auch. Doch vor allem war es die unerschütterliche Zuversicht, auf dem richtigen Weg zu sein.

Für diesen Glauben an mich selbst hatte ich in der Zwischenzeit viel getan, und ich appelliere an Sie, in diesen zu investieren. Es ist gut möglich, dass ich mich mit diesem Appell vom Allerweltsbüchlein wie auch vom Standardwerk unterscheide, denn ich bin überzeugt davon, dass wir den Glauben an uns selbst trainieren können! Er ist wie ein Muskel, der verkümmert, wenn wir nichts für ihn tun, und der stark wird, wenn wir an ihm arbeiten.

Das nötige Training – die Liegestütze und die Sit-ups für unser Selbstwertgefühl – funktioniert wie selbst erfüllende Prophezeiungen. Wenn wir sagen, denken und fühlen: „Ich werde jeden Tag besser und besser und besser", dann werden wir auch besser und besser und besser.

Falls Sie Kinder haben, ist das Wichtigste, was Sie Ihnen mitgeben können, das Gefühl „Wir glauben an dich." Wenn Sie einen Partner haben, ist das Wichtigste, was Sie ihm geben können, das Gefühl „Ich glaube an dich". Was also ist das Wichtigste, das Sie sich selbst geben können? Natürlich das Gefühl „Ich glaube an mich." Mit ihm wächst Ihr Selbstvertrauen, also das Vertrauen in Ihre eigenen Fähigkeiten. Es ist Ihr ureigenes Wissen, gut genug zu sein. Hinzu kommt das Selbstwertgefühl. Darin steckt das Wörtchen Wert. Fragen Sie sich: Bin ich es mir selbst wert, vermögend zu werden?

Gib niemals auf!

Was treibt einen Menschen an, wieder aufzustehen, nachdem er hingefallen ist? Es ist sein Wille. Doch manchmal muss man gar nicht fallen, es kann auch an den guten Startbedingungen fehlen. Stellen Sie sich ein Formel-1-Rennen vor, und Sie starten aus der letzten Reihe. Ist es möglich, als Erster durchs Ziel zu kommen? Natürlich, das kommt immer wieder vor. Im Leben ist es nicht anders, und daher zeige ich auf jedem Tag der Finanzen einen Film von Nicholas James „Nick" Vujicic.

Nick wurde am 4. Dezember 1982 in Melbourne geboren. Durch einen genetischen Defekt, den man Tetra-Amelie-Syndrom nennt, kam er ohne Arme und Beine auf die Welt.

Halten Sie einmal kurz inne, bevor Sie weiterlesen. Können Sie sich ein Leben ohne Arme und Beine vorstellen? Vermutlich sitzen Sie gerade bequem im Sessel oder auf einem Stuhl. Schon das klappt nicht, wenn Sie die Startbedingungen von Nick haben. Auch sonst sieht sein Leben ziemlich anders aus.

Seine Eltern waren geschockt nach seiner Geburt, doch sie taten alles, um ihm einen festen Glauben an sich selbst zu vermitteln. Trotzdem litt er unter Mobbing und Depressionen und versuchte sich im Alter von zehn Jahren umzubringen. „Was soll nur aus mir werden", fragte er sich, „wenn meine Eltern eines Tages nicht mehr da sind?"

Heute ist alles anders. Nick ist ein weltweit gefragter Motivationscoach, der vielen Menschen Mut macht und ihnen Hoffnung verschafft. Er schwimmt, surft, spielt Golf; er ist verheiratet und hat vier Kinder. Wenn ich manchmal denke, wow, da türmt sich eine Flut von Aufgaben vor mir auf, die alles von mir abverlangen, brauche ich nur eines von Nicks Videos anzuschauen, um zu wissen, was tatsächlich eine Flut von Aufgaben ist, die alles von einem Menschen abverlangen. Falls es Ihnen hin und wieder passiert, dass Sie in das Muster verfallen „Andere haben es besser als ich", empfehle ich Ihnen den einen oder anderen Film von Nick. Wenn Sie merken, wie sich Konjunktive in Ihre Sprache einschleichen, nach dem Motto: „Hätte ich dieses und jenes, könnte ich dieses und jenes", schauen Sie sich ebenfalls einen der Filme von Nick an.

Was wir aus ihnen lernen sind zwei Dinge: Aufgeben ist keine Alternative! Es geht darum, weiterzumachen. Der einzige

Weg zum Ziel ist das Weitermachen. Das zweite ist Demut und Dankbarkeit.

Uns in Deutschland geht es gut. Wussten Sie, dass rund zwei Milliarden Menschen auf der Welt mit monatlich achtzig Euro auskommen müssen? Jeder von ihnen würde sofort mit uns tauschen. Manche Leute wundern sich, wenn ich in meinen Seminaren die Themen Demut und Dankbarkeit immer wieder in den Vordergrund rücke. Gerade an der Börse ist das Thema „Gier frisst Gehirn" omnipräsent. Ich garantiere Ihnen: Sobald Sie die Dankbarkeit in Ihren Alltag integrieren, verändert sich Ihr Leben. Wie Sie das schaffen? Versuchen Sie, ein Vierteljahr lang rein gar nichts zu bewerten. Nehmen Sie die Dinge an, wie sie sich ereignen, ohne ein Urteil abzugeben. Sie werden feststellen, wie sehr sich Dankbarkeit und Demut vervielfältigen.

Wer mehr weiß, weiß mehr

Das „Weitermachen" hat meinen „Glaube an mich selbst"-Muskel enorm gestärkt. Allein 2020 gab ich über 20 Seminare und 75 Webinare trotz faktischem Berufsverbot durch die Pandemie und neben meiner Arbeit als Börseninvestor. Wissen Sie, was der schöne Nebeneffekt ist? Von ihm sprechen viele engagierten Lehrer, Trainer und Coaches: Ich lerne in jedem meiner Seminare Neues dazu. Zusammen mit Workshops, die ich besuche, Büchern, die ich lese, Podcasts, die ich höre, und Gesprächen mit inspirierenden Menschen, die ich regelmäßig führe, ergibt das ein nie endendes Training meines Know-hows.

Das will ich Ihnen ans Herz legen: Lernen ist wie Rudern gegen den Strom – wenn man damit aufhört, treibt man zurück. Diese Weisheit von Laotse habe ich mir hinter beide Ohren geschrieben. Egal was in der Welt passiert, das Spiel wird in unserem Inneren entschieden. Dort habe ich ein Wissen angehäuft, das meine größte Sicherheit darstellt.

Im World Education Forum, in dem die UNESCO, die Welt-Bank und zahlreiche Regierungen aus aller Welt repräsentiert sind, wurde kürzlich dargelegt, dass in unserem Jahrhundert nur dreißig Prozent der bekannten Jobs erhalten bleiben. Siebzig Prozent der künftigen Berufe kennen wir nicht einmal. Ein Blick in die Automobilindustrie beweist, wie sehr diese Entwicklung bereits im Gange ist. Ein Umstand, der uns alle dazu motivieren sollte, im ständigen Lernfluss zu bleiben. Schulen Sie Ihren vorausschauenden Blick, interessieren Sie sich für die Zukunft und dafür, was spannend und neuartig ist. Dann erhalten Sie als Investor auch ständig hervorragende Anlagemöglichkeiten.

Werte sind das Wertvollste im Leben

Der Begriff „Werte" zieht sich nicht umsonst wie ein roter Faden durch dieses Buch. Er ist mir geradezu heilig. Die Aktien, in die ich investiere, sind Aktien von Unternehmen, die definierten Werten nachkommen und selbst einen Wert darstellen. Auch ich als Mensch stelle einen Wert her, weil ich mein Wissen weitergebe. Einen Mehrwert schaffe ich, wenn es mir gelingt, die Werte zu vermitteln, die ich für wichtig empfinde, wie ständiges Lernen. Wenn ich meiner Familie und mir etwas gönne, soll es ebenfalls einen Wert haben. Überhaupt repräsentiert die Familie für mich den allerhöchsten Wert. Es hat also seinen Grund, warum ich Werte so sehr schätze. Wenn Sie nach Erfolgsrezepten in meinem Leben schauen, sollten Werte zu Ihrem Ankerpunkt werden – damit meine ich auch die Werte, nach denen Sie Ihr Leben ausrichten.

Investieren heißt existieren

Von der Investitionsbereitschaft bis zum Investitionsstau deckt dieser Begriff eine enorme Bandbreite ab. Wenn wir so wollen, vom Leben bis zum Tod. Wer investiert, lebt mit allen Fasern seines Körpers. Wer im Investitionsstau steckt, fürchtet den Sensenmann hinter jeder Ecke. Als Investor liebe ich das Leben und die Bereitschaft zur klugen Investition. Diese steigert sich auf Dauer, und so sollten wir auch unser Leben führen. Nicht alles auf einmal wollen, aber auch die schönen Dinge nicht auf den Sankt-Nimmerleins-Tag verschieben. Das alles steckt für mich im Wort investieren. Klingt das verlockend? Für mich ist das Investment eines der Erfolgsrezepte des Lebens.

Lebe heute, als ob es dein letzter Tag wäre

Frage ich Menschen: „Was bedeutet dir finanzielle Freiheit?", bekomme ich oft folgende Antwort: „Wenn ich mir kaufen kann, was ich will." Klar, nach unserer Definition der finanziellen Freiheit können Sie sich dann eine Yacht oder einen Learjet leisten. Wobei ein altes Sprichwort sagt, an beidem haben Sie genau zweimal Freude, nämlich am Tag des Kaufs sowie am Tag, an dem Sie das Ding wieder loswerden. Egal, was Sie sich kaufen, Konsum ist nicht die Lösung.

Mit gefällt der Satz: „Wenn ich wüsste, dass morgen die Welt unterginge, würde ich heute noch ein Apfelbäumchen pflanzen."

Wer so denkt, fühlt und spricht, ist wahrlich frei. Freiheit ist immer Chance und Risiko zugleich. Auf meiner Skala steht der Freiheitsbegriff ganz oben – kein Wunder, dass ich in meinem Leben nur kurze Zeit angestellt und sonst immer selbstständig war. Deshalb sage ich, finanzielle Freiheit ist die ultimative Freiheit und für alle ein Grundrecht. Um sie zu erreichen, brauchen wir das nötige Wissen und den Mut zur Eigeninitiative. Fremdbestimmt sind Menschen, denen es an Wissen und Eigeninitiative mangelt. Entscheiden Sie selbst, ob Sie heute noch ein Apfelbäumchen pflanzen – natürlich auch, solange die Welt Bestand hat.

Selbstliebe ist die schönste Liebe

Es gibt tausend Schlüssel zum Erfolg – zehn von denen, die an meinem Schlüsselbund hängen, führe ich hier an. Einer von ihnen ist der goldene Schlüssel, und das ist die Selbstliebe.

Immer wieder werde ich gefragt: „Ulli, was passiert, wenn du dein Geld verlierst?" Die Antwort darauf habe ich im Buch schon gegeben – doch für mich zielt die Frage immer auf etwas anderes ab. Wenn wir alles verlieren, wenn wir etwas nicht schaffen, wenn wir mal so richtig Mist bauen – können wir uns dann immer noch annehmen? Schaffen wir die bedingungslose Liebe oder kriegen wir nur die Liebe hin, die Bedingungen stellt? Das ist für mich die Kernfrage. Das Wunder der bedingungslosen Liebe ist, dass Fehler, Verluste und geschossene Böcke keine Rolle spielen. Bedingungslos heißt nun mal, es gibt keine Bedingungen. Sich bedingungslos zu lieben ist ebenfalls harte Arbeit, das wird Ihnen ein Heer von Psychologen, Soziologen und Trainern bestätigen. Egal, denn diese Arbeit lohnt sich! Wenn Sie es hinkriegen, sich so anzunehmen, wie Sie sind, mit anderen Worten, sich selbst zu lieben, ist der Rest ein Klacks.

Und ich garantiere Spaß ohne Ende – schließlich sind Sie dann 24 Stunden am Tag mit jemandem zusammen, den Sie mögen. Schon dafür lohnt es sich, in diesem Bereich eine Schippe draufzulegen.

Geld ist Energie und will fließen

Wer sich mit erfolgreichen Menschen unterhält, die von Ideen leben, wie Schriftsteller oder Komponisten, bekommt immer wieder einen Satz zu hören: „Die Ideen sind alle schon da – was wir tun, ist, unsere Antennen auszufahren, um sie einzufangen.“ Ich mag diese Weltanschauung, weil sie Ideen als Energieform darstellt. Wer in der Lage ist, diese Energie bei sich einzusammeln, kann sie auch transformieren. In einen Weltbestseller zum Beispiel, wie es Stephen King regelmäßig tut, ein Anhänger dieser Theorie. Oder in einen Rocksong, ein Musical, einen Spielfilm, ein Symphoniekonzert.

Mit Geld verhält es sich ähnlich. Geld ist da, und es wird täglich mehr. Zurzeit werden allein von den drei führenden Notenbanken der Welt jeden Monat rund zweihundert Milliarden Euro neues Geld in Umlauf gebracht. Tagtäglich wandern überdimensionale Geldmengen rund um den Erdball. Würden wir es verteilen, bekäme jeder der rund sieben Milliarden Menschen eine Million Euro. Wie bei Ideen gibt es also auch beim Geld keinen Mangel. Woran es dagegen sehr mangelt, sind Menschen mit offenen Antennen.

Dieses Buch soll helfen Ihre Antennen auszufahren, und hat es hoffentlich auch getan. Sie haben verstanden, dass im Begriff Vermögen das Wörtchen „mögen“ steckt, und dass Sie von nun an Geld und Reichtum mögen dürfen, und sich selbst natürlich auch. Sorgen Sie dafür, dass Ihre Antennen das leiseste Signal einfangen können. So werden Sie reich an Ideen, reich an Geld, reich an sozialen Kontakten und reich an Gesundheit. Vergessen Sie nicht: Ein Mensch, der arm ist, ist arm fürs Leben, doch ein Mensch, der pleite ist oder bei Null startet, ist nur arm für einen Moment.

Wir kümmern uns um Körper und Geist

„Bitte bleiben Sie gesund!“, wurde während der Coronapandemie zum Standardsatz. Für mich war er es schon davor. Wer Geschichte mag, schaut bei den alten Griechen vorbei. Von ihnen haben wir die Olympischen Spiele bekommen, aber auch die größten Denker und Philosophen.

Sie haben in der Zwischenzeit verstanden, dass ich ein Anhänger positiver Glaubenssätze bin. Sie halten unseren Geist rein. Ähnlich halte ich es mit meinem Körper. In ihn kommt nichts, was giftig oder unrein ist. Für meinen Geist habe ich jahrelang Erfolgsjournale geschrieben, für meinen Körper habe ich trainiert und gesunde Sachen gegessen. Es ist nicht kompliziert, wir müssen dafür kein Studium absolvieren. Wer mit sich im Reinen ist, hat kein Übergewicht. Der braucht keine Ersatzdrogen aus Essen, Zigaretten oder Alkohol. Kümmern Sie sich um Ihren Geist und um Ihren Körper. Für mich ist das eines der Standardrezepte zum Erfolg, weil ein gesunder Geist gerne in einem gesunden Körper wohnt.

Ich bin glücklich, wenn andere erfolgreich sind.

„Give back!" Auf diese einfache Formel brachte es Arnold Schwarzenegger. Er hat viel zurückgegeben, wie seine Initiative, Hunderttausende Jugendliche bei den Inner-City Games für Sport zu begeistern, für die Kunst, fürs Theater und für Programme für junge Existenzgründer. Auch das ist eine Form von Energie. Was wir geben, kommt zu uns zurück. Ich habe lange Zeit viel bekommen, und daher macht es mich umso glücklicher, wenn ich etwas zurückgeben darf, indem ich Menschen erfolgreich mache.

Das ist die Frage, die jeder Börsianer in seinem Leben häufig zu hören bekommt: „Was sind denn eigentlich Ihre Lieblingsaktien?" Wenn Sie bis hier aufmerksam gelesen haben, werden Sie zustimmend nicken, wenn ich aus dieser Frage eine weitere ableite: „Welches sind denn eigentlich Ihre börsennotierten Lieblingsfirmen?" Schließlich haben wir uns lang und breit darüber unterhalten, wie wichtig Werte für die Entscheidung sind. Daher kann ich nur die Lieblingsaktien von meinen Lieblingsunternehmen besitzen. Schauen wir uns diese einmal an. Auch wenn ich sage, es sind die Aktien meiner Lieblingsunternehmen, spreche ich hiermit keine Kaufempfehlungen aus.

An der Börse kursieren viele schlaue Sprüche. Manche von ihnen haben das Zeug für echte Lebensweisheiten. Eine lautet: „Lege nie alle Eier in einen Korb."

Wir können uns das gerne einmal bildlich vorstellen: Wenn der Eiermann so richtig ins Stolpern gerät, hat er ein echtes Problem. „Lege nie alle Eier in einen Korb" gibt uns die Antwort, wie wir Vermögen strukturieren. Das Zauberwort heißt Diversifizierung. Der Ursprung dieses Wortes liegt im lateinischen, wo diversificare „verteilen" bedeutet. Wir verteilen unser Vermögen auf verschiedene Lieblingsaktien.

Dazu gehören zu einer vernünftigen Diversifizierung Bargeld, Immobilien, Gold, Silber und Unternehmensbeteiligungen. Das rate nicht nur ich, sondern das rät auch der aktuelle Global Wealth Report. Dazu weist einer der führenden Schweizer Vermögensverwalter darauf hin, dass reiche Menschen viel Bargeld zum Nachkaufen im Crash besitzen. Womit wir wieder bei Warren Buffett sind, der diese Strategie zeit seines Lebens angewendet hat.

Ich habe rund vierzig Lieblingsaktien, was verglichen mit der Gesamtheit der aktiennotierten Unternehmen auf der Welt eine verschwindend kleine Zahl ist. Was einiges über die Werte beziehungsweise Nichtwerte vieler Unternehmen sagt, zumindest, wenn man denkt, wie ich es tue. Weil ich ein vorausschauender Eiermann bin, wähle ich von diesen vierzig Lieblingsaktien zehn aus, und siehe da: Es sind die unterschiedlichsten Branchen vertreten. Das ist Diversifizierung in Reinkultur. Lege nie alle Eier in einen Korb.

Eines dieser Lieblingsunternehmen heißt Apple. Als vor wenigen Jahren die von Walter Isaacson verfasste und von Steve Jobs autorisierte Biografie herauskam, war es mir ein Vergnügen, die Geschichte dieses faszinierenden Mannes und seiner Ideen, Marotten und Visionen nochmals nachzulesen.

Ich war gerade mal ein Jahr alt, als Steve Jobs zusammen mit Steve Wozniak und Ron Wayne Apple gründete. Was hat die Welt danach nicht alles zu sehen bekommen von diesem kompromisslosen Verkaufsgenie aus dem Haus mit dem angebissenen Apfel: Apple II, Macintosh, iMac, iPod, iTunes, iPhone, iPad, um nur einige wegweisende Produkte zu nennen.

Als Steve Jobs 2011 an seiner Krebserkrankung starb, befürchteten viele Menschen, dass nun das Ende der Überflieger aus dem kalifornischen Cupertino eingeläutet sei. Doch weit gefehlt. Der Grund dafür ist, dass Apple „emotional selling" betreibt. Darunter verstehen Marketingleute, dass die Käufer die gekauften Produkte wirklich lieben. Besitzen sie eines, wollen sie auch die anderen haben. Diese Mehrproduktkäufer sind die beste Voraussetzung für hohe Margen. Was der Grund ist, warum die Produkte von Apple auch nicht für einen Appel und ein Ei zu kriegen sind, sondern ihren Preis haben. Diesen Preis kann Apple weltweit durchsetzen, was sich natürlich im Geschäftsergebnis und der Performance der Aktie schön widerspiegelt. Die Apple-Aktie ist ein High Flyer – Krisen, Blasen, Pandemien und andere Börsenereignisse mögen ihr die eine oder andere Delle zufügen, doch ist das alles schnell vergessen. Für mich ist Apple ein Weltmarktführer – eine Auszeichnung, mit der ich sehr sparsam umgehe.

Mein zweites Lieblingsunternehmen lässt Ihnen weniger die Ohren klingeln als Apple. Amgen ist ebenfalls in Kalifornien angesiedelt und zählt zu den weltweit größten Biotechnologieunternehmen. 2018 schrieb man einen Jahresumsatz von rund 24 Milliarden US-Dollar. Damals war Amgen noch in der US-amerikanischen Technologiebörse NASDAQ gelistet; nun, da ich diese Zeilen niederschreibe, ist das Unternehmen in den US-Leitindex Dow Jones aufgenommen worden. Zu Recht, wie ich finde, und das hat nicht nur mit der Pandemie zu tun. Amgen verdiente davor schon viel Geld, hat sich stets gute Rücklagen gesichert, und – was in dieser Branche wichtig ist – besitzt ein volles Lager mit Patenten, zu denen sich ständig neue hinzugesellen.

Wer sich intensiv mit Biotechnologiefirmen und den sich auf dem Markt befindlichen Medikamenten befasst, kommt nicht umhin, sich mit Themen wie Herz-Kreislauf-Erkrankungen, Tumoren oder Diabetes zu beschäftigen. Dieser genaue Blick lässt erkennen: Amgen ist eine dieser Gelddruckmaschinen, die alle Werte verkörpert, die mir wichtig sind.

Ähnlich beurteile ich Gilead Sciences, Inc. Dieses in Kalifornien angesiedelte Pharmazie- und Biotechnologieunternehmen wurde in der Öffentlichkeit bekannt, als es durch das Medikament Remdesivir, das bei Covid-19 eingesetzt werden soll, Schlagzeilen machte.

Das dritte Unternehmen vorzustellen heißt, Eulen nach Athen zu tragen. Nur wer als Einsiedler abseits der belebten Welt haust, kennt Amazon nicht. Alle anderen sind dort Kunden. Ich übertreibe etwas, doch die Zahlen sprechen eine klare Sprache: Amazon ist ein Online-Einzelhändler, der mehr als 400 Millionen Produkte anbietet. Stellen Sie sich vor, wie viele Produkte im Tante-Emma-

Laden stehen, wie viele der Supermarkt auf der grünen Wiese zur Auswahl hat, oder die Dubai Mall, mit 350 000 m^2 das derzeit größte Einkaufszentrum der Welt. Auch dort ist man von dieser unglaublichen Zahl an Produkten weit entfernt.

Wie ist das gekommen? 1994, als Jeff Bezos seine ersten Schritte als Onlinebuchverkäufer machte, war er der Einzige weit und breit, der an seine Vision glaubte: „Ich will alles verkaufen", sagte er immer und immer wieder. Ein Mantra, das durch harte Arbeit und rabiates Durchsetzungsvermögen erfüllt wurde. Als ich siebzehn Jahre alt war und nach den vermögendsten Menschen suchte, war Jeff Bezos nicht darunter. Während ich diese Zeilen schreibe, trägt er den Titel reichster Mann der Welt.

Noch ein paar Zahlen zum Staunen: Amazon kontrolliert sechzig Prozent des Onlinehandels in den USA. In jedem DHL-Lieferwagen sind sechzig Prozent aller Pakete Amazon-Pakete.

Fragen mich Leute, was muss ich tun, um reich zu werden, und ich rede einmal nicht über Aktien, lautet meine Antwort: „Überlege dir ein Problem der Menschen. Dann werde so gut, dass du es aus der Welt räumen kannst, und lass dich dafür bezahlen." Dazu erzähle ich von Red Adair, der als Feuerwehrmann Multimillionär wurde. Als Feuerwehrmann? Wie schafft man das? Ganz einfach: Ein Problem der Menschheit sind Großbrände und Ölbrände. Keiner war so gut darin, diese zu löschen wie der Texaner. Seinen Service ließ er sich in klingender Münze bezahlen und wurde sehr reich.

In diesem Zusammenhang kann ich auch über Amazon sprechen. Das Problem lautete: „Wie kann ich einkaufen, ohne mich vom Sofa zu erheben?" Jeff Bezos hat dieses Problem gelöst und lässt sich seither fürstlich dafür honorieren.

Nehmen wir Amazon Prime. Für das früher kostenfreie Angebot muss man momentan 49 Euro berappen. Rufen die Kunden frustriert, blast mir doch den Schuh auf? Aber nicht doch! Sie zahlen freudig, binden sich damit noch enger ans Unternehmen und schaufeln nebenbei weitere Hundert Millionen Euro auf Jeffs Konto.

Kurz gesagt, Amazon beherrscht den Onlinehandel in Perfektion. Die Firma hat das geschafft, was wir einen Burggraben nennen. Den können Sie sich bildlich vorstellen: Es handelt sich um ein Unternehmen wie eine Trutzburg, um die ein tiefer Graben gezogen wurde, durch den kein Angreifer kommt. In den Worten der Ökonomen heißt das: Wer in Konkurrenz zu Amazon treten will, muss enorme Hürden nehmen.

Den Begriff Burggraben hat – wir sind nicht erstaunt, nicht wahr? – Warren Buffett geprägt. In einem Brief an die Aktionäre seines Unternehmens Berkshire Hathaway sprach er bereits im Jahr 1986 davon.

Auch das folgende Unternehmen hat so einen Burggraben, und deshalb muss ich es Ihnen auch nicht vorstellen. Bei den meisten Leuten reicht es, wenn sie den Kühlschrank öffnen.

Da sind sie drin, die Produkte von Coca-Cola. Neben der Coke auch Fanta, Sprite und mezzo mix. Dazu kommen noch mehr als 3 600 weitere Produkte, zu denen Wassermarken wie Apollinaris gehören, deren Quellen in Bad Neuenahr-Ahrweiler so üppig sprudeln, dass jedes Jahr ein Absatzvolumen von mehr als 750 Millionen Liter erreicht wird. Für den Investor an der Börse ist das eine relevante Information: Die Firma aus Atlanta ist inzwischen der größte Wasserhersteller der Welt. Allein der Markenwert von Coca-Cola wird zwischen 250 und 300 Milliarden Euro beziffert. Das ist erheblich mehr als das Bruttoinlandsprodukt europäischer Länder wie Finnland, Griechenland, Rumänien, Portugal oder Ungarn.

Schon seit einer Ewigkeit habe ich Colgate Palmolive im Depot. Warum? Nun, geputzt wird immer, egal ob die Welt sich normal dreht oder kopfsteht. Colgate Palmolive ist geradezu ein Inbegriff für Produkte rund um den Haushalt. 1806 von William Colgate als Seifenfabrik gegründet, sah man sich schon immer als notwendiges Helferlein der Familie.

1908 verkaufte die Firma die erste Tube Zahnpasta, gleichzeitig mit dem deutschen Hersteller Beiersdorf. Ich spreche immer wieder mit Menschen, die nach Aktien Ausschau halten, die „sexy" sind, und die bei Firmen wie Colgate Palmolive die Nase rümpfen. Diese Menschen sind in der Regel keine Absolventen der Ulrich Müller Health Academy. Dort machen wir eine andere Rechnung auf: In absehbarer Zeit wächst die Menschheit auf zehn, elf, zwölf Milliarden Menschen. Auch die werden putzen. Mehr noch: Sauberkeit wird eines der wichtigen Themen der Zukunft sein. Colgate Palmolive ist dafür bestens aufgestellt. Unter ihrem Dach befinden sich jede Menge Blockbuster.

Diesen Begriff kennen Sie vielleicht aus der Filmbranche. Dort wird ein Film Blockbuster genannt, wenn er an den Kinokassen einhundert Millionen Dollar einspielt. Wir Börsianer heben die Latte etwas an. Ein Blockbuster ist ein Produkt, das im Jahr mindestens eine Milliarde Dollar Umsatz macht – von diesen Superprodukten hat Colgate Palmolive über zwanzig im Gepäck. Für mich ist dieses Unternehmen ein typisches Basisinvestment fürs Depot, das dazu eine annehmbare Dividendenrendite ausweist.

Um noch einmal auf sexy Aktien zu sprechen zu kommen. Auch Johnson & Johnson fällt für Anleger solcher Aktien nicht darunter. Mit einem aktuellen Umsatz von 82 Milliarden Dollar gehört die 1886 gegründete Firma zu den größten Gesundheitsunternehmen der Welt. Produkte wie Cremes, Tampons, Mundspülungen und Tabletten; Marken wie o.b., Carefree, Bebe und Penaten finden sich im Portfolio. Auch hier stellt sich die Frage: Was glauben Sie? Wenn die Menschheit auf zwölf Milliarden angewachsen ist, wird ein Unternehmen wie Johnson & Johnson an diesem Wachstum partizipieren? Wenn Ihre Antwort Ja lautet, können Sie auch die Richtung der Aktie prognostizieren. Rechnen wir noch ein, dass wir nicht nur mehr Menschen werden, sondern diese auch immer älter, sollte für den versierten Aktienhändler die Sache eigentlich klar sein.

Was mir an der Geschichte von Ray Kroc besonders gut gefällt? Der Gründer der McDonald's Corporation war schon über fünfzig Jahre alt, als er die Idee seines Lebens hatte. Damals war er von der Effizienz der Restaurants von Richard und Maurice McDonald beeindruckt, was damit endete, dass er erst die Franchise-Rechte und später das Unternehmen der Brüder kaufte.

Davor war der Sohn eines tschechischen Einwanderers jahrzehntelang als Verkäufer von Milchshake-Mixern kreuz und quer durch die Lande gezogen. Das erwähne ich deshalb, weil er auf dieser harten Tour jeden Trick des versierten Handelsvertreters erlernte. Diese Tricks spielte er später aus: Geschickte strategische Partnerschaften mit Coca-Cola und Disney sowie eine kompromisslose Expansionspolitik machten aus McDonald's nicht nur das weltweit bekannte Unternehmen von heute, sondern, was nicht so bekannt ist, eines der weltweit größten Immobilienunternehmen. Ray Kroc, der den Spitznamen „The Hamburger King" verpasst bekam, schaffte es dadurch in die Time-Magazin-Liste der 100 einflussreichsten Personen des 20. Jahrhunderts. Ich selbst esse hin und wieder mal etwas in einem McDonald's und bewundere dabei vor allem, wie perfekt man die Franchise-Idee umgesetzt hat – was für mich einer der Gründe ist, die Aktien des Unternehmens im Depot zu haben.

Über Bill Gates und seinen Weg an die Spitze haben wir gesprochen. Microsoft ist ebenfalls ein Unternehmen mit Burggraben. Die Software der Firma ist auf achtzig Prozent aller Computer der Welt installiert – da ist die Eintrittsschwelle für einen möglichen Konkurrenten riesengroß. Mit einem Umsatz von 126 Milliarden Dollar zur Zeit, in der ich das schreibe, ist die Firma weltweit der größte Softwarehersteller und eines der größten Unternehmen überhaupt. Nebenbei gesagt habe ich ein gutes Gefühl, wenn ich morgens im Büro die Rechner hochfahre, weil ich jedes Mal mitverdiene. Dieses gute Gefühl begleitet mich übrigens durch den ganzen Tag, da ich an sehr vielen Firmen, deren Produkte ich benutze, beteiligt bin.

Das gilt auch für Google, noch ein Unternehmen mit Burggraben. Wenn es eine Firma schafft, dass wir das, was sie anbietet, in die Alltagssprache übernehmen, ist das kaum zu toppen. Das tun wir, wir „googeln" und sprechen nicht davon, mit einer Suchmaschine zu arbeiten.

Es gibt nicht viele Marken, die so etwas erreicht haben. Bei Tempo ist es der Fall – da fragen wir: „Hast du ein Tempo?", und nicht: „Hast du ein Papiertaschentuch aus Zellstoff?" Generische Markennamen nennen das die Marketingleute, und so kärchern wir und flexen wir und brauchen den Labello, wenn die Lippen rau sind.

Nicht alle diese genannten Marken sind Teil eines Unternehmens, das zu meinen Lieblingen gehört, doch bei Google ist es der Fall. Die Firma ist breit aufgestellt, macht viel Geld mit Werbung und hat enorme Wachstumsmöglichkeiten.

Falls Sie feststellen, dass sich kein deutsches Unternehmen unter meinen Lieblingen befindet, kann ich Ihnen nur recht geben. Auch mein letzter Liebling hat seinen Hauptsitz im Wunderland Kalifornien, genauer gesagt in Santa Clara, dem Herzen des Silicon Valleys. Die Nvidia Corporation zählt zu den größten Entwicklern von Grafikprozessoren sowie Chips für Personal Computer und Spielkonsolen. Darin stecken so viele Möglichkeiten wie aus Tausendundeiner Nacht.

Der Grund, weshalb Roboter noch keine Treppen steigen können, Autos nicht autonom fahren, und die Virtual Reality noch immer in den Kinderschuhen steckt, liegt im Mangel an sehr schnellen Prozessoren, die dafür nötig sind. Sobald sie da sind, wird es Produkte mit Alleinstellungsmerkmal geben und mit Emotional-Selling-Qualitäten, die wir uns noch nicht einmal vorstellen können. Unternehmen wie Nvidia Corporation schneiden sich von diesem Kuchen ein paar schöne Stücke ab – und ich als Miteigentümer tue es auch.

Falls Sie nun große Lust bekommen, sich an einigen börsennotierten Lieblingsfirmen zu beteiligen, bleibt die Frage offen, was der nächste Schritt ist. Der ist einfacher, als viele glauben.

Jedes Abenteuer beginnt mit dem ersten Schritt

Die Straße gleitet fort und fort, weg von der Tür, wo sie begann, zur Ferne hin, zum fremden Ort, ihr folge denn, wer wandern kann.
Bilbo Beutlin (gegen Ende des Dritten Zeitalters), ein Hobbit aus dem Auenland

---

Als ich dieses Buch begann, wanderte ich in Gedanken zurück in die Zeit, als ich mich brennend dafür interessierte, wer um alles in der Welt diese reichen Leute sind, von denen ich immer wieder hörte. Informationen zu bekommen war nicht so leicht wie heute, doch ich blieb dran, und am Ende fand ich heraus, was ich herausfinden wollte. Mit Bilbo Beutlin aus dem „Herr der Ringe" gesprochen packte ich in dieser Zeit meinen Rucksack. Dann trat ich vor die Tür und begann die Wanderung mit klarem Ziel vor Augen: Mit dreißig Jahren wollte ich Millionär sein.

Wie bei jeder Wanderung ging es über Stock und Stein, mal bergauf und bergab, mal schnurstracks geradeaus, durch Regengüsse und Sonnenschein. Hin und wieder verpasste ich die richtige Abzweigung, machte Umwege oder verirrte mich sogar im Dickicht. Doch ich verlor nie mein Ziel vor Augen, und als ich dreißig Jahre alt wurde, hatte ich es erreicht. Die erste Million lag auf dem Konto.

Da tat ich, was jeder passionierte Wanderer tut, ich plante das nächste Ziel, schulterte erneut den Rucksack und marschierte wieder los. Das tue ich noch heute. Ich bin weiterhin auf der

Straße des Reichtums unterwegs, bewege mich immer weiter weg von der Tür, wo sie begann, und sehe in der Ferne den Ort, den ich erreichen möchte. Irgendwann bekam er den Namen „Zehn Millionen Euro auf dem Konto". Unterwegs halte ich auch gerne mal inne, und denke daran, wie alles gekommen ist. Damals, als ich mit Yana auf der Terrasse saß, uns ein Glas Weißwein einschenkte, und wir darüber sprachen, dass etwas Neues in meinem Berufsleben passieren sollte. Hatte ich nicht alles schon gemacht in der Investmentwelt? Warum sollte ich dabei bleiben? „Um es anderen beizubringen", hatte Yana den Faden aufgenommen. Das hat mich schlussendlich auf den Weg geführt, den ich noch heute verfolge.

Wie jeder passionierte Wanderer habe ich unterwegs ein Liedchen auf den Lippen. Ich haste nicht, sondern gehe ruhig und besonnen, mein Puls bleibt immer gleich, von Seitenstechen keine Spur. Ich sehe die Wanderung wie ein tägliches Abenteuer an.

Wie man weiß, beginnt jedes Abenteuer mit dem ersten Schritt. Wer diesen nicht wagt, wird wenig von dem verstehen, was ich in diesem Buch geschildert habe. Wer aber bereit ist, sein eigenes Abenteuer zu beginnen, dem will ich gerne die Tür dazu öffnen. Manche Leser kennen diese Tür bereits und sind durchgegangen. Sie befinden sich schon auf der Wanderung zu ihren persönlichen Vermögenszielen. Für alle anderen heißt der nächste Schritt „Tag der Finanzen". Dort mache ich Sie fit für die Straße in Richtung Reichtum.

Der Tag der Finanzen ist der Tag für Ihre finanzielle Freiheit. Er findet regelmäßig in zahlreichen Städten Deutschlands statt, und ich gebe zu, ich freue mich jedes Mal aufs Neue darauf. Als Corona dafür sorgte, dass wir ihn online bestritten haben, war ich zunächst skeptisch: Wie soll die digitale Bühne funktionieren, wo ich mich so gerne unter die Teilnehmer mische, um für sie da zu sein?

Einer meiner Leitsätze lautet, jede Krise ist eine Chance. Das chinesische Schriftzeichen für Krise und Chance ist ein und dasselbe. Und siehe da, auch online konnte ich die Menschen erreichen und dafür begeistern, was mir an diesem Tag so wichtig ist: Was immer Ihr Beruf ist, wie immer Ihr bisheriger Lebensweg sich gestaltet hat, vom Tag der Finanzen profitieren Sie am meisten, wenn Sie offen sind. Wenn Sie Gedanken wie „Das weiß ich schon" oder „Das kann ich alles" für ein paar Stunden von sich schieben, um zu erfahren, was Sie weiterbringt.

An diesem Tag ist es völlig egal, was die anderen Teilnehmer tun. Natürlich kommt es zu Begegnungen, manchmal entstehen sogar Freundschaften. Trotzdem geht es am Tag der Finanzen einzig und allein um Ihre finanzielle Freiheit. Ich rege Sie dazu an, sich zu fragen: „Trifft das auf mich zu?", und: „Wie komme ich ohne Umschweife ins Handeln?", und: „Wie kann ich das realisieren?"

Wenn wir Impulse innerhalb von 72 Stunden in die Tat umsetzen, haben wir es geschafft. Alles, was wir nach 72 Stunden noch nicht realisiert haben, werden wir auf die lange Bank schieben. Dann wächst die Wahrscheinlichkeit, dass wir es nie tun werden. Diese wissenschaftlich geprüfte 72-Stunden-Regel beflügelte mein Handeln, als ich davon erfuhr.

Seither bin ich noch effektiver geworden – und diese Effektivität werden Sie auf dem Tag der Finanzen erleben. Danach wissen Sie, wie Sie mit einem klaren Plan und meinem System in der Lage sind, innerhalb von zehn Jahren die erste Million aufzubauen. Es ist kaum überraschend, dass für viele Teilnehmer das Leben zweigeteilt ist: Für sie gibt es ein Leben vor dem „Tag der Finanzen“ und ein Leben danach. Das Leben davor war oft durch finanzielle Unsicherheiten geprägt. Das Leben danach führte sie in die finanzielle Freiheit.

Verspreche ich zu viel? Es ist noch nicht lange her, als bei einem „Tag der Finanzen“ ein Mann in der ersten Reihe die Hand hob, kaum hatte ich mit meinem Vortrag begonnen. Fragen kommen immer und sind willkommen, doch die Erfahrung zeigt, dass dafür erst ein wenig Zeit ins Land geht. Offenbar hatte der Mann etwas Wichtiges auf dem Herzen, und das wollte ich nicht ignorieren. Ich ließ ihn zu Wort kommen.

Er erhob sich und sprach mit ernster Stimme. „Herr Müller, ich muss das loswerden, denn ich bin ein sehr kritischer Geist.“

Da bin ich aber gespannt, dachte ich. Unter meinen Trainerkollegen kursieren immer wieder Geschichten von sogenannten schwarzen Schafen, die viel Unruhe in ein Seminar bringen können. Von denen war ich bisher verschont geblieben. Sollte sich das heute ändern?

Der Mann räusperte sich, offenbar war er es nicht gewohnt, vor einer großen Gruppe zu sprechen. „Wie gesagt, ich bin sehr kritisch“, wiederholte er und holte tief Luft. „Gestern saß ich vier Stunden vor dem Computer und habe Sie gegoogelt. Ich habe überall gesucht, wirklich überall! Und ich habe nichts, rein gar nichts Negatives über Sie gefunden.“ Damit setzte er sich.

Für einen Moment war ich sprachlos. Der Mann hatte den Eindruck erweckt, als wollte er ein Donnerwetter loslassen, und nun hatte er mir diese schöne Anerkennungen ausgesprochen. Wer macht sich die Mühe und googelt mich stundenlang, fragte ich mich, während ich den Faden wieder aufnahm. Dann musste ich innerlich lachen über meine Skepsis. Ich hatte ein Geschenk bekommen, das mich an jenen Tipp für den „Tag der Finanzen“ erinnert, den ich allen Teilnehmer mit auf den Weg gebe: Habt Spaß und genießt den Tag!

Genau das tue ich auch. Ich habe Spaß und genieße jeden Tag. Weil es für mich nichts Schöneres auf der Welt gibt, als Menschen in ihre finanzielle Freiheit zu führen – eine Freiheit, auf die jeder von uns ein Recht hat.

Charts

AMAZON
3.600
3.400
3.200
3.000
2.800
2.600
2.400
2.200
2.000
1.800
1.600
1.400
1.200
1.000
800
600
400
200
0
1998
1999
2000
2001
2002
2003
2004
2005
2006
2007
2008
2009
2010
2011
2012
2013
2014
2015
2016
2017
2018
2019
2020
2021

AMGEN
260
240
220
200
180
160
140
120
100
80
60
40
20
1999
2000
2001
2002
2003
2004
2005
2006
2007
2008
2009
2010
2011
2012
2013
2014
2015
2016
2017
2018
2019
2020
2021

APPLE
140
130
120
110
100
90
80
70
60
50
40
30
20
10
0
1991
1992
1993
1994
1995
1996
1997
1998
1999
2000
2001
2002
2003
2004
2005
2006
2007
2008
2009
2010
2011
2012
2013
2014
2015
2016
2017
2018
2019
2020
2021

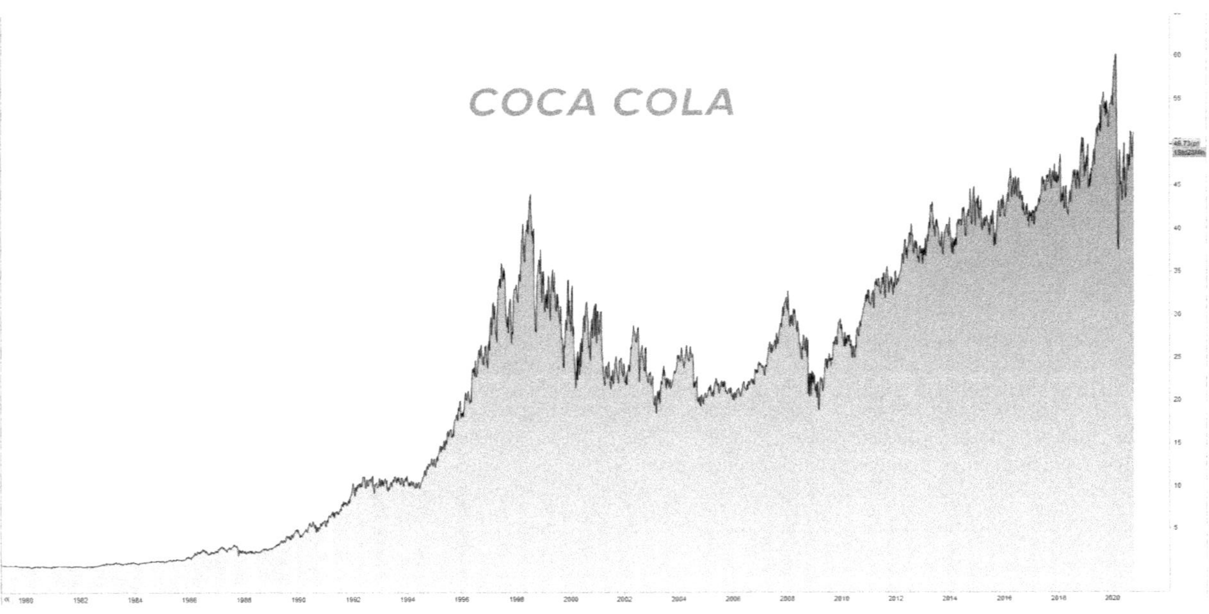
COCA COLA
1980
1982
1984
1986
1988
1990
1992
1994
1996
1998
2000
2002
2004
2006
2008
2010
2012
2014
2016
2018
2020
60
55
45
40
35
30
25
20
15
10
5

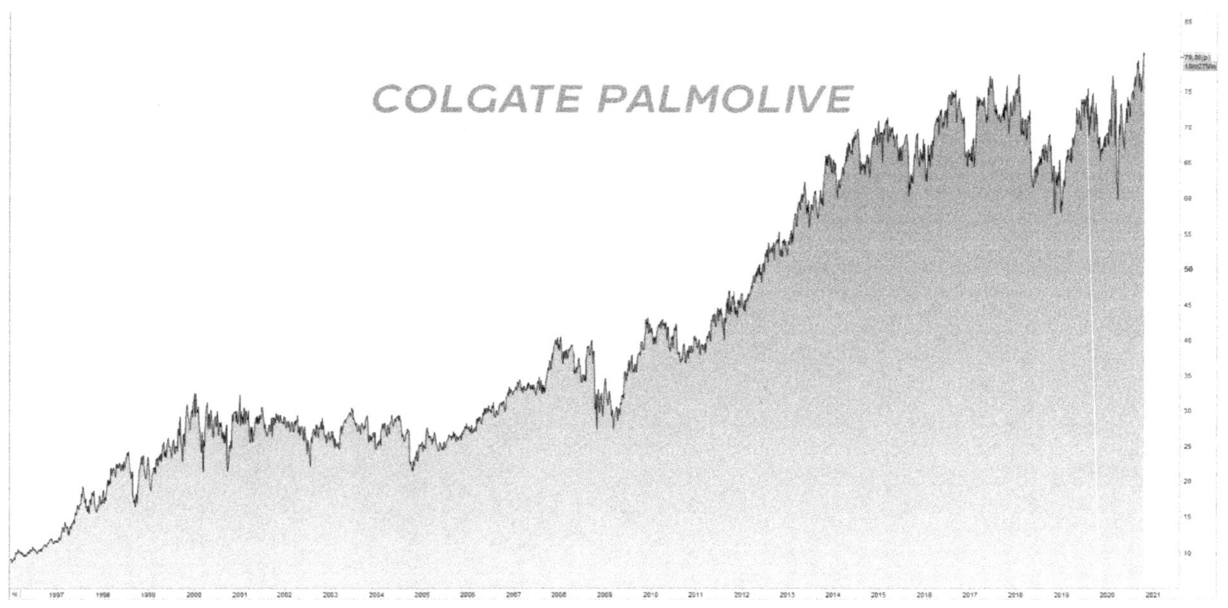
COLGATE PALMOLIVE
1997 1998 1999 2000 2001 2002 2003 2004 2005 2006 2007 2008 2009 2010 2011 2012 2013 2014 2015 2016 2017 2018 2019 2020 2021
85 75 70 65 60 55 50 45 40 35 30 25 20 15 10

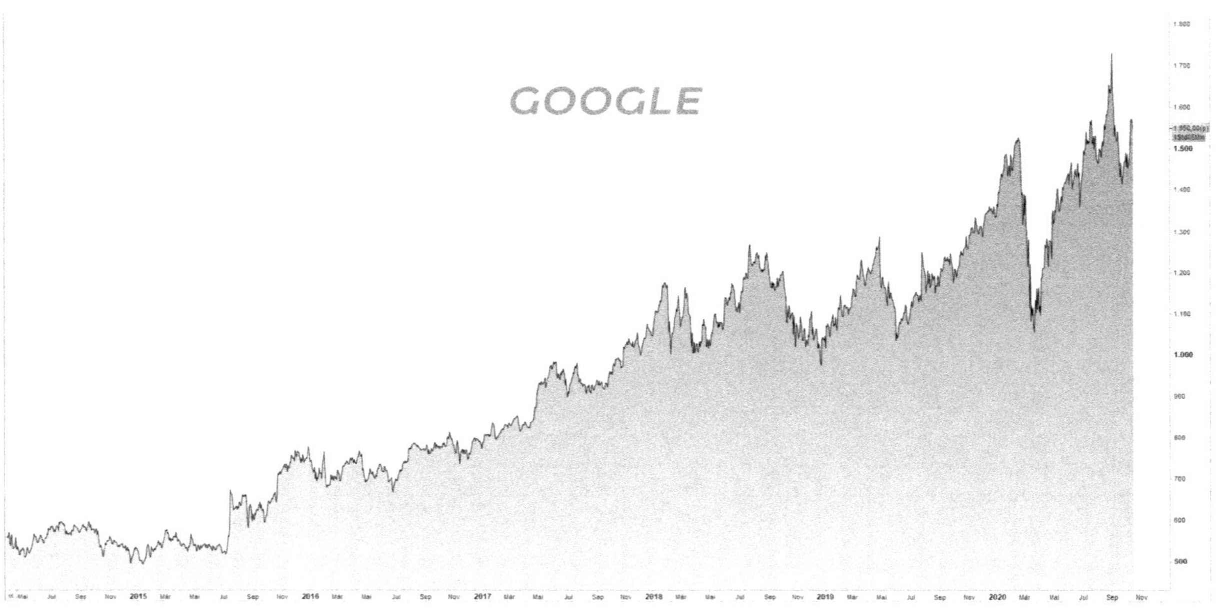
GOOGLE
1.800
1.700
1.600
1.500
1.400
1.300
1.200
1.100
1.000
900
800
700
600
500
2015
2016
2017
2018
2019
2020

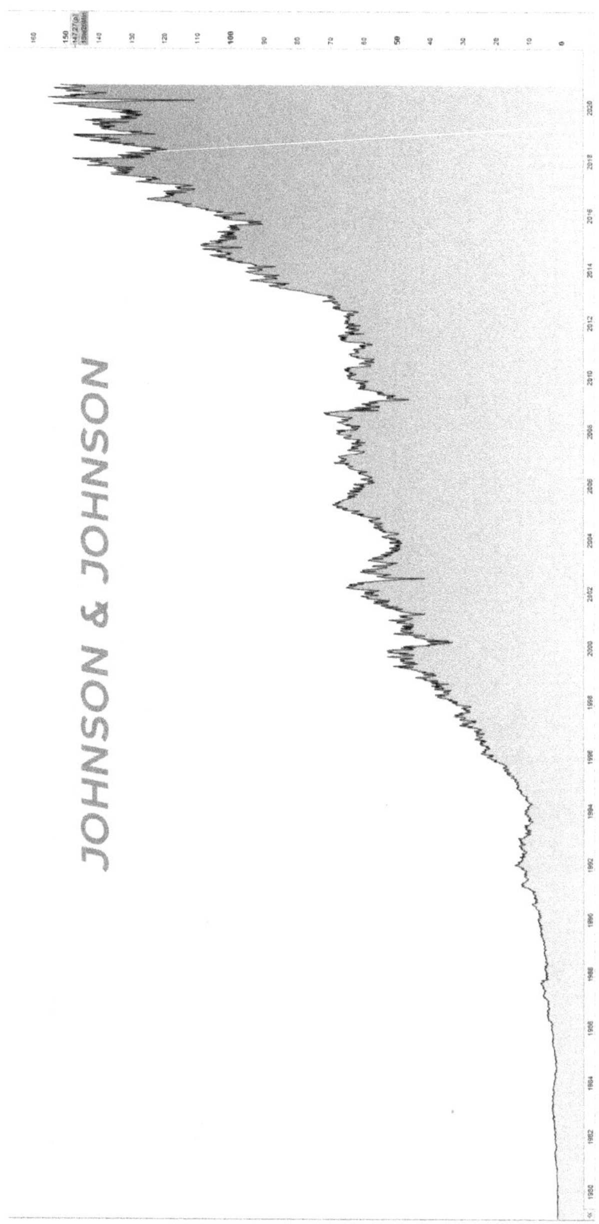
JOHNSON & JOHNSON

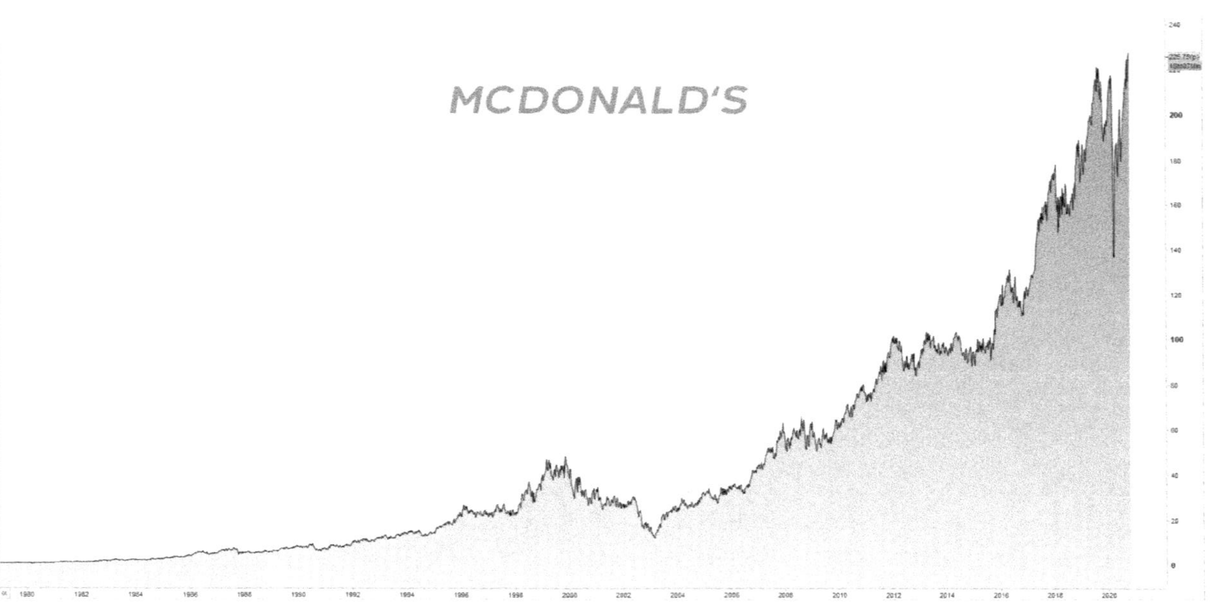
MCDONALD'S

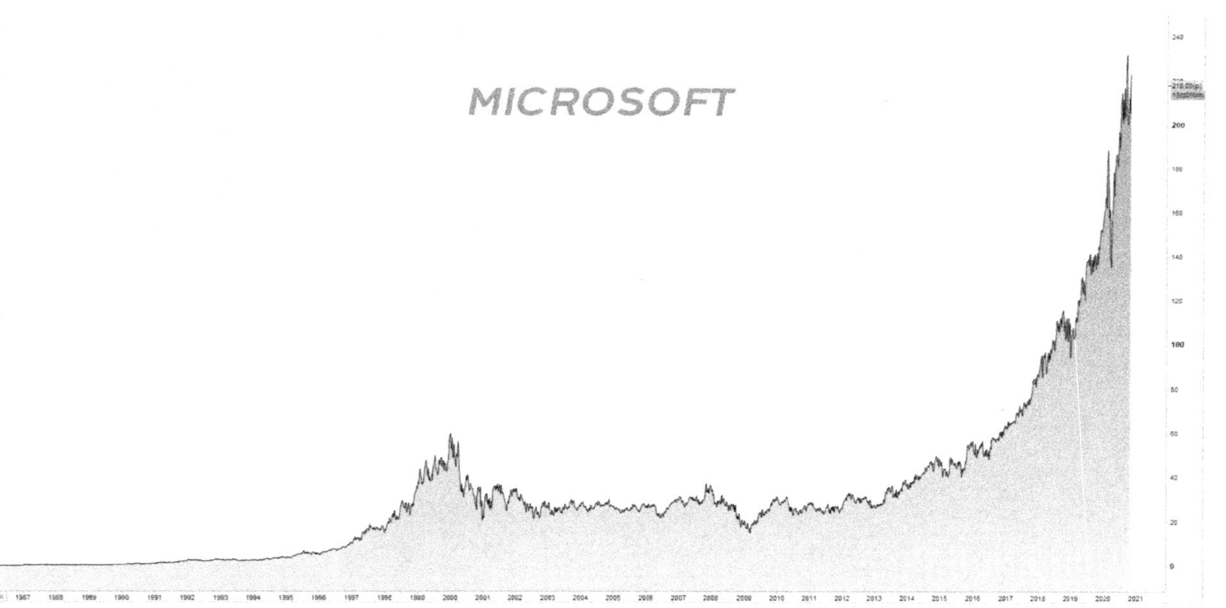
MICROSOFT
240
200
180
160
140
120
100
80
60
40
20
0
1987 1988 1989 1990 1991 1992 1993 1994 1995 1996 1997 1998 1999 2000 2001 2002 2003 2004 2005 2006 2007 2008 2009 2010 2011 2012 2013 2014 2015 2016 2017 2018 2019 2020 2021

NVIDIA

Danksagung

In diesem Buch fiel der Begriff „reich sein" aus gutem Grund so häufig, dass selbst ein Zahlenmensch wie ich mit dem Zählen kaum hinterherkommt. Nun will ich ein letztes „reich sein" hinzufügen, indem ich den Menschen danke, die mein Leben jeden Tag aufs Neue reich machten und machen.

Meine Eltern Elke und Jürgen haben mich immer vorbehaltlos unterstützt und mich von ganzem Herzen geliebt. Meine Mama brachte und bringt mir die Werte Liebe und Familie nahe, von meinem Papa durfte ich lernen, wie weit wir mit Disziplin und Ehrgeiz kommen. Beide sind für mich mit Ihrer Art und Weise größte Vorbilder und ich liebe Euch von ganzem Herzen. Es ist schwer in Worte zu fassen, was Eltern – und vor allem Ihr – für mich getan habt.

Meine Frau Yana war der Fels in der Brandung, als ich noch nicht Ulrich Müller war, der Abertausenden Menschen den Weg zum Reichtum ebnet, sondern Ulrich Müller, der pleite war und dem es schlecht ging. Das ist bedingungslose Liebe, die jeden Tag Quelle meiner Energie ist. Ich liebe dich! Es ist unfassbar, wie Du mir den Rücken freihältst und mich bedingungslos liebst, dafür danke ich Dir aus tiefstem Herzen.

Meine Kinder Linus und Jonas. Linus schenkte meinem Leben einen neuen Sinn, und Jonas hat mich geerdet und meinem Dasein eine Richtung gegeben, ohne die ich heute nicht der wäre, der ich bin.

Meiner ganzen Familie, die dem Familienmenschen Ulrich bei jedem Treffen das Herz aufgehen lässt.

Mein Team: Marc, dass sich unsere Wege gekreuzt haben, gibt mir das Gefühl von „reich sein" in seiner schönsten Form.

Viviane, Esra, Birgit, Ben, Sarah, Hannah und Harry aus meinem Team machen meine Mission zu ihrer Mission. Dafür danke ich euch aus tiefstem Herzen für Euer Engagement, Eure Zeit und Hingabe. Was würde ich nur ohne Euch tun? Ihr seid das beste Team der Welt und ich bin unfassbar stolz auf Euch.

Mein Freund Philipp besitzt gleich zwei Qualitäten im Übermaß: Er ist Zuhörer und Gesprächspartner in einem. Du bereicherst mich jedes Mal aufs Neue mit deinen Ideen und Gedanken. Manchmal diskutieren wir bis tief in die Nacht über den Sinn des Lebens und Du hast immer ein offenes Ohr für mich, das ist wahre Freundschaft die hoffentlich nie endet

Von Jürgen Höller habe ich sehr viel in seinen Seminaren gelernt, und er war der Ausgangspunkt meiner Karriere zum Thema Geld. Danke dass ich von Dir lernen durfte.

Tony Robbins und T. Harv Eker haben mich ebenfalls inspiriert und geprägt und mir für mein Leben viele Ideen mitgegeben.

Dann sind da noch alle Menschen, die mein Wissen vermehren, die mich besser machen, meine Persönlichkeit schulen und ihren Teil zu meinem Erfolg beitragen.

Daniel Oliver Bachmann, für unsere langen Gespräche über Geld, Gott und die Welt, und was noch alles dieses Buch bereichert hat.

Ebenfalls möchte ich meinen Teilnehmern – für mich meine Börsenfamilie – danken. Ihr inspiriert mich in jedem Seminar und jeden Tag, an dem ich auf der Bühne stehen darf. Ihr seid mein größtes „Warum" geworden, Menschen finanziell besser aufzustellen oder in die finanzielle Freiheit zu begleiten. Danke!

Danken möchte ich auch allen, die ich hier vielleicht vergessen habe und die mein Leben zu dem gemacht haben, was ich heute bin. Jeder einzelne von Euch verdient dafür mein Lob, meine Anerkennung und ein herzliches Danke!